Büchner | Dantons Tod

Reclam XL | Text und Kontext

Georg Büchner
Dantons Tod

Ein Drama

Herausgegeben von Ralf Kellermann

Einleitung:

Das Drama Dantons Tod von Georg Büchner ist 1835 erschienen. Es handelt zur Zeit der französischen Revolution, wo der Jakobiner Robespierre und sein Kontrahent Danton unterschiedl. Ziele verfolge. Letzterer will anders als Robespierre gewaltlos eine Republik schaffen.

Reclam → Bei Erwähnung neuer Person
 ~~klare Bezugung~~

Laster: ausschweifende Lebens-
  weise

Tugend: hervorragende Eigenschaft
  o. vorbildl. Haltung
  y Anständigkeit

Anhänger Dantons /Dantonisten

Der Text dieser Ausgabe ist seiten- und zeilengleich
mit der Ausgabe der Universal-Bibliothek Nr. 6060.

Zu Büchners *Dantons Tod* gibt es in Reclams Universal-Bibliothek
– einen *Lektüreschlüssel für Schülerinnen und Schüler* (Nr. 15344)
– *Erläuterungen und Dokumente* (Nr. 16034)
– eine Interpretation in: *Georg Büchner* in der Reihe
  »Interpretationen« (Nr. 8415)

Reclam XL | Text und Kontext | Nr. 19037
Alle Rechte vorbehalten
© 2013 Philipp Reclam jun. GmbH & Co. KG, Stuttgart
Gestaltung: Cornelia Feyll, Friedrich Forssman
Satz: pagina GmbH, Tübingen
Druck und Bindung: Reclam, Ditzingen. Printed in Germany 2013
RECLAM ist eine eingetragene Marke
der Philipp Reclam jun. GmbH & Co. KG, Stuttgart
ISBN 978-3-15-019037-1

Auch als E-Book erhältlich

www.reclam.de

1835

Die Texte von Reclam XL sind seiten- und zeilengleich
mit den Texten der Universal-Bibliothek.
Die Reihe bietet neben dem Text Worterläuterungen
in Form von Fußnoten und Sacherläuterungen in Form
von Anmerkungen im Anhang, auf die am Rand
mit Pfeilen (↗) verwiesen wird.

Personen*

GEORG DANTON
LEGENDRE
CAMILLE DESMOULINS
HÉRAULT-SÉCHELLES
LACROIX } Deputierte (Abgeordnete)
PHILIPPEAU
FABRE D'ÉGLANTINE
MERCIER
THOMAS PAYNE

ROBESPIERRE
ST. JUST
BARÈRE } Mitglieder des Wohlfahrts-ausschusses (Exekutivorgan)
COLLOT D'HERBOIS
BILLAUD-VARENNE

AMAR } Mitglieder des Sicherheitsausschusses (pol. Polizei)
VOULAND

Mitglieder des Nationalparlaments

CHAUMETTE, Prokurator des Gemeinderats — Gemeinde
DILLON, ein General
FOUQUIER-TINVILLE, öffentlicher Ankläger
HERMAN } Präsidenten des Revolutionstribunales — Gericht
DUMAS
PARIS, ein Freund Dantons
SIMON, Souffleur → Theater
SEIN WEIB
LAFLOTTE
JULIE, Dantons Gattin
LUCILE, Gattin des Camille Desmoulins
ROSALIE
ADELAIDE } Grisetten (Prostituierte) — Individuen aus dem Volk
MARION

MÄNNER und WEIBER aus dem Volk, GRISETTEN, DEPUTIERTE, HENKER etc. — anonymes Volk

* Die im Personenverzeichnis aufgeführten historischen Personen und Institutionen werden in den Anmerkungen (S. 88–94) erläutert.

Marat + Chalier   Jakobiner

• Gegenspieler

Erster Akt

Erste Szene

HÉRAULT-SÉCHELLES, *einige* DAMEN *(am Spieltisch)*. DANTON, JULIE *(etwas weiter weg, Danton auf einem Schemel zu den Füßen von Julie)*.

DANTON. Sieh die hübsche Dame, wie artig sie die Karten dreht! ja wahrhaftig sie versteht's, man sagt sie halte ihrem Manne immer das Cœur und andren Leuten das Carreau hin. Ihr könntet einem noch in die Lüge verliebt machen.

JULIE. Glaubst du an mich?

DANTON. Was weiß ich. Wir wissen wenig voneinander. Wir sind Dickhäuter, wir strecken die Hände nacheinander aus aber es ist vergebliche Mühe, wir reiben nur das grobe Leder aneinander ab – wir sind sehr einsam.

JULIE. Du kennst mich Danton.

DANTON. Ja, was man so kennen heißt. Du hast dunkle Augen und lockiges Haar und einen feinen Teint und sagst immer zu mir: lieb Georg. Aber *(er deutet ihr auf Stirn und Augen)* da da, was liegt hinter dem? Geh, wir haben grobe Sinne. Einander kennen? Wir müssten uns die Schädeldecken aufbrechen und die Gedanken einander aus den Hirnfasern zerren.

EINE DAME. Was haben Sie nur mit Ihren Fingern vor?

HÉRAULT. Nichts!

DAME. Schlagen Sie den Daumen nicht so ein, es ist nicht zum Ansehn.

HÉRAULT. Sehn Sie nur, das Ding hat eine ganz eigne Physiognomie.

DANTON. Nein Julie, ich liebe dich wie das Grab.

JULIE *(sich abwendend)*. Oh!

DANTON. Nein, höre! Die Leute sagen im Grab sei Ruhe und Grab und Ruhe seien eins. Wenn das ist, lieg ich in deinem Schoß schon unter der Erde. Du süßes Grab,

---

8 **Cœur:** Herz | 9 **Carreau:** Karo (im Kartenspiel); hier auch für: weibliches Geschlecht | 28f. **Physiognomie:** Körperform

deine Lippen sind Totenglocken, deine Stimme ist mein Grabgeläute, deine Brust mein Grabhügel und dein Herz mein Sarg.

DAME. Verloren!

HÉRAULT. Das war ein verliebtes Abenteuer, es kostet Geld wie alle andern.

DAME. Dann haben Sie Ihre Liebeserklärungen, wie ein Taubstummer, mit den Fingern gemacht.

HÉRAULT. Ei warum nicht? Man will sogar behaupten gerade die würden am leichtesten verstanden. Ich zettelte eine Liebschaft mit einer Kartenkönigin an, meine Finger waren in Spinnen verwandelte Prinzen, Sie Madame waren die Fee; aber es ging schlecht, die Dame lag immer in den Wochen, jeden Augenblick bekam sie einen Buben. Ich würde meine Tochter dergleichen nicht spielen lassen, die Herren und Damen fallen so unanständig übereinander und die Buben kommen gleich hinten nach.

CAMILLE DESMOULINS *und* PHILIPPEAU *treten ein.*

HÉRAULT. Philippeau, welch trübe Augen! Hast du dir ein Loch in die rote Mütze gerissen, hat der heilige Jakob ein böses Gesicht gemacht, hat es während des Guillotinierens geregnet oder hast du einen schlechten Platz bekommen und nichts sehen können?

CAMILLE. Du parodierst den Sokrates. Weißt du auch, was der Göttliche den Alcibiades fragte, als er ihn eines Tages finster und niedergeschlagen fand? Hast du deinen Schild auf dem Schlachtfeld verloren, bist du im Wettlauf oder im Schwertkampf besiegt worden? Hat ein andrer besser gesungen oder besser die Zither geschlagen? Welche klassischen Republikaner! Nimm einmal unsere Guillotinenromantik dagegen!

PHILIPPEAU. Heute sind wieder zwanzig Opfer gefallen. Wir waren im Irrtum, man hat die Hébertisten nur aufs Schafott geschickt, weil sie nicht systematisch genug verfuhren, vielleicht auch weil die Decemvirn sich verloren glaubten wenn es nur eine Woche Männer gegeben hätte, die man mehr fürchtete, als sie.

---

20 **rote Mütze:** Mütze der Pariser Jakobiner (s. 3.4 »Revolutionäre Gruppen«, S. 104) und Symbol der Revolution | 33 **Hébertisten:** radikale revolutionäre Gruppe | 35 **Decemvirn:** die Mitglieder des Wohlfahrtsausschusses, s. Anm. zu 3 (S. 90 f.)

HÉRAULT. Sie möchten uns zu Antediluvianern machen. St. Just säh es nicht ungern, wenn wir wieder auf allen vieren kröchen, damit uns der Advokat von Arras nach der Mechanik des Genfer Uhrmachers Fallhütchen, Schulbänke und einen Herrgott erfände.

PHILIPPEAU. Sie würden sich nicht scheuen zu dem Behuf an Marats Rechnung noch einige Nulln zu hängen. Wie lange sollen wir noch schmutzig und blutig sein wie neugeborne Kinder, Särge zur Wiege haben und mit Köpfen spielen?
Wir müssen vorwärts. Der Gnadenausschuss muss durchgesetzt, die ausgestoßenen Deputierten müssen wieder aufgenommen werden.

HÉRAULT. Die Revolution ist in das Stadium der Reorganisation gelangt.
Die Revolution muss aufhören und die Republik muss anfangen.
In unsern Staatsgrundsätzen muss das Recht an die Stelle der Pflicht, das Wohlbefinden an die der Tugend und die Notwehr an die der Strafe treten. Jeder muss sich geltend machen und seine Natur durchsetzen können. Er mag nun vernünftig oder unvernünftig, gebildet oder ungebildet, gut oder böse sein, das geht den Staat nichts an. Wir alle sind Narren es hat keiner das Recht einem andern seine eigentümliche Narrheit aufzudrängen.
Jeder muss in seiner Art genießen können, jedoch so, dass keiner auf Unkosten eines andern genießen oder ihn in seinem eigentümlichen Genuss stören darf.

CAMILLE. Die Staatsform muss ein durchsichtiges Gewand sein, das sich dicht an den Leib des Volkes schmiegt. Jedes Schwellen der Adern, jedes Spannen der Muskeln, jedes Zucken der Sehnen muss sich darin abdrücken. Die Gestalt mag nun schön oder hässlich sein, sie hat einmal das Recht zu sein wie sie ist, wir sind nicht berechtigt ihr ein Röcklein nach Belieben zuzuschneiden.
Wir werden den Leuten, welche über die nackten Schultern der allerliebsten Sünderin Frankreich den Nonnenschleier werfen wollen, auf die Finger schlagen.

---

1 **Antediluvianern:** Vorsintflutler, hier: (unzivilisierte) Urmenschen |
3 **Advokat von Arras:** gemeint ist Robespierre; s. Anm. zu 3 (S. 91) |
4 **Genfer Uhrmachers:** Jean-Jacques Rousseaus; Philosoph der Aufklärung | 4 **Fallhütchen:** eine Art Sturzhelm für Kinder

Wir wollen nackte Götter, Bacchantinnen, olympische Spiele und melodische Lippen: ach, die gliederlösende, böse Liebe!

Wir wollen den Römern nicht verwehren sich in die Ecke zu setzen und Rüben zu kochen aber sie sollen uns keine Gladiatorspiele mehr geben wollen.

Der göttliche Epikur und die Venus mit dem schönen Hintern müssen statt der Heiligen Marat und Chalier die Türsteher der Republik werden.

Danton du wirst den Angriff im Konvent machen.

DANTON. Ich werde, du wirst, er wird. Wenn wir bis dahin noch leben, sagen die alten Weiber. Nach einer Stunde werden sechzig Minuten verflossen sein. Nicht wahr mein Junge?

CAMILLE. Was soll das hier? das versteht sich von selbst.

DANTON. Oh, es versteht sich alles von selbst. Wer soll denn all die schönen Dinge ins Werk setzen?

PHILIPPEAU. Wir und die ehrlichen Leute.

DANTON. Das und dazwischen ist ein langes Wort, es hält uns ein wenig weit auseinander, die Strecke ist lang, die Ehrlichkeit verliert den Atem eh wir zusammenkommen. Und wenn auch! – den ehrlichen Leuten kann man Geld leihen, man kann bei ihnen Gevatter stehn und seine Töchter an sie verheiraten, aber das ist alles!

CAMILLE. Wenn du das weißt, warum hast du den Kampf begonnen?

DANTON. Die Leute waren mir zuwider. Ich konnte dergleichen gespreizte Catonen nie ansehn, ohne ihnen einen Tritt zu geben. Mein Naturell ist einmal so. *(Er erhebt sich.)*

JULIE. Du gehst?

DANTON *(zu Julie).* Ich muss fort, sie reiben mich mit ihrer Politik noch auf. *(Im Hinausgehn.)* Zwischen Tür und Angel will ich euch prophezeien: die Statue der Freiheit ist noch nicht gegossen, der Ofen glüht, wir alle können uns noch die Finger dabei verbrennen. *(Ab.)*

---

1 **Bacchantinnen:** ausgelassene Begleiterinnen von Bacchus, dem römischen Gott des Weines | 7 **Epikur:** griech. Philosoph; sah im Streben nach Lust die Ursache aller Handlungen | 8 **Chalier:** Revolutionär in Lyon; wurde von Konterrevolutionären im Juli 1793 hingerichtet | 28 **Catonen:** Anhänger der sittenstrengen Philosophie von M.P. Cato dem Älteren

CAMILLE. Lasst ihn, glaubt ihr er könne die Finger davon lassen, wenn es zum Handeln kömmt?

HÉRAULT. Ja, aber bloß zum Zeitvertreib, wie man Schach spielt.

Zweite Szene

Eine Gasse

SIMON. SEIN WEIB.

SIMON *(schlägt das Weib).* Du Kuppelpelz, du runzliche Sublimatpille, du wurmstichischer Sündenapfel!

WEIB. He Hülfe! Hülfe!

(Es kommen Leute gelaufen.)

LEUTE. Reißt sie auseinander! reißt sie auseinander!

SIMON. Nein, lasst mich Römer, zerschellen will ich dies Geripp! Du Vestalin!

WEIB. Ich eine Vestalin? das will ich sehen, ich.

SIMON. So reiß ich von den Schultern dein Gewand
   Nackt in die Sonne schleudr' ich dann dein Aas.
Du Hurenbett, in jeder Runzel deines Leibes nistet Unzucht.

(Sie werden getrennt.)

ERSTER BÜRGER. Was gibt's?

SIMON. Wo ist die Jungfrau? sprich! Nein, so kann ich nicht sagen. Das Mädchen! nein auch das nicht; die Frau, das Weib! auch das, auch das nicht! nur noch ein Name! oh der erstickt mich! Ich habe keinen Atem dafür.

ZWEITER BÜRGER. Das ist gut sonst würde der Name nach Schnaps riechen.

SIMON. Alter Virginius verhülle dein kahl Haupt. Der Rabe Schande sitzt darauf und hackt nach deinen Augen. Gebt mir ein Messer, Römer! *(Er sinkt um.)*

WEIB. Ach, er ist sonst ein braver Mann, er kann nur nicht viel vertragen, der Schnaps stellt ihm gleich ein Bein.

ZWEITER BÜRGER. Dann geht er mit dreien.

---

8 **Kuppelpelz:** Kupplerin, Zuhälterin | 8 f. **Sublimatpille:** Medikament gegen Syphilis (Geschlechtskrankheit) | 9 **Sündenapfel:** Anspielung auf den Apfel, den Eva Adam gab (Genesis) | 14 **Vestalin:** keusche römische Tempeldienerin; hier wohl ironisch für: Prostituierte | 18 **Runzel:** Falte | 33 **mit dreien:** Anspielung auf das männliche Glied

WEIB. Nein, er fällt.

ZWEITER BÜRGER. Richtig, erst geht er mit dreien und dann fällt er auf das dritte, bis das dritte selbst wieder fällt.

SIMON. Du bist die Vampirzunge die mein wärmstes Herzblut trinkt.

WEIB. Lasst ihn nur, das ist so die Zeit, worin er immer gerührt wird, es wird sich schon geben.

ERSTER BÜRGER. Was gibt's denn?

DAS WEIB. Seht ihr, ich saß da so auf dem Stein in der Sonne und wärmte mich seht ihr, denn wir haben kein Holz, seht ihr –

ZWEITER BÜRGER. So nimm deines Mannes Nase.

WEIB. Und meine Tochter war da hinunter gegangen um die Ecke, sie ist ein braves Mädchen und ernährt ihre Eltern.

SIMON. Ha sie bekennt!

WEIB. Du Judas, hättest du nur ein Paar Hosen hinaufzuziehen, wenn die jungen Herren die Hosen nicht bei ihr herunterließen? Du Branntweinfass, willst du verdursten, wenn das Brünnlein zu laufen aufhört, he? Wir arbeiten mit allen Gliedern warum denn nicht auch damit; ihre Mutter hat damit geschafft wie sie zur Welt kam und es hat ihr wehgetan, kann sie für ihre Mutter nicht auch damit schaffen, he? und tut's ihr auch weh dabei, he? Du Dummkopf!

SIMON. Ha Lucretia! ein Messer, gebt mir ein Messer, Römer! Ha Appius Claudius!

ERSTER BÜRGER. Ja ein Messer, aber nicht für die arme Hure, was tat sie? Nichts! Ihr Hunger hurt und bettelt. Ein Messer für die Leute, die das Fleisch unserer Weiber und Töchter kaufen! Weh über die, so mit den Töchtern des Volkes huren! Ihr habt Kollern im Leib und sie haben Magendrücken, ihr habt Löcher in den Jacken und sie haben warme Röcke, ihr habt Schwielen in den Fäusten und sie haben Samthände. Ergo ihr arbeitet und sie tun nichts, ergo ihr habt's erworben und sie haben's gestohlen; ergo, wenn ihr von eurem gestohlnen Eigentum ein paar Heller wiederhaben wollt, müsst ihr huren und

---

12 **Mannes Nase:** Anspielung auf das männliche Glied | 16 **Judas:** meint hier »Heuchler« | 26 **Appius Claudius:** s. Anm. zu 9,28 | 31 **Kollern:** Magenknurren oder lautes Rumoren der Gedärme | 34 **Ergo:** also

bettln; ergo sie sind Spitzbuben und man muss sie totschlagen.

DRITTER BÜRGER. Sie haben kein Blut in den Adern, als was sie uns ausgesaugt haben. Sie haben uns gesagt: schlagt die Aristokraten tot, das sind Wölfe! Wir haben die Aristokraten an die Laternen gehängt. Sie haben gesagt das Veto frisst euer Brot, wir haben das Veto totgeschlagen, sie haben gesagt die Girondisten hungern euch aus, wir haben die Girondisten guillotiniert. Aber sie haben die Toten ausgezogen und wir laufen wie zuvor auf nackten Beinen und frieren. Wir wollen ihnen die Haut von den Schenkeln ziehen und uns Hosen daraus machen, wir wollen ihnen das Fett auslassen und unsere Suppen mit schmelzen. Fort! Totgeschlagen, wer kein Loch im Rock hat!

ERSTER BÜRGER. Totgeschlagen, wer lesen und schreiben kann!

ZWEITER BÜRGER. Totgeschlagen, wer auswärts geht!

ALLE *(schreien)*. Totgeschlagen, totgeschlagen!

Einige schleppen einen JUNGEN MENSCHEN *herbei.*

EINIGE STIMMEN. Er hat ein Schnupftuch! ein Aristokrat! an die Laterne! an die Laterne!

ZWEITER BÜRGER. Was? er schneuzt sich die Nase nicht mit den Fingern? An die Laterne!

(Eine Laterne wird heruntergelassen.)

JUNGER MENSCH. Ach meine Herren!

ZWEITER BÜRGER. Es gibt hier keine Herren! An die Laterne!

EINIGE *(singen).*   Die da liegen in der Erden,
                         Von de Würm gefresse werden.
                         Besser hangen in der Luft,
                         Als verfaulen in der Gruft!

JUNGER MENSCH. Erbarmen!

DRITTER BÜRGER. Nur ein Spielen mit einer Hanflocke um den Hals! 's ist nur ein Augenblick, wir sind barmherziger als ihr. Unser Leben ist der Mord durch Arbeit, wir

---

1 **Spitzbuben:** Betrüger, Gauner (ursprünglich von »spitz«, ›scharfsinnig‹) | 7 **Veto:** hier: der König (hatte nach der Verfassung von 1791 ein Vetorecht gegen Gesetze) | 8 **Girondisten:** gemäßigte Republikaner, revolutionäre Gruppe | 9 **guillotiniert:** hingerichtet | 34 **Hanflocke:** Schlinge aus Hanfseil; hier: zum Erhängen

hängen sechzig Jahre lang am Strick und zappeln, aber wir werden uns losschneiden. An die Laterne!

JUNGER MENSCH. Meinetwegen, ihr werdet deswegen nicht heller sehen!

DIE UMSTEHENDEN. Bravo, bravo!

EINIGE STIMMEN. Lasst ihn laufen!

(Er entwischt.)

ROBESPIERRE *tritt auf, begleitet von* WEIBERN *und* OHNEHOSEN.

ROBESPIERRE. Was gibt's da Bürger?

DRITTER BÜRGER. Was wird's geben? Die paar Tropfen Bluts vom August und September haben dem Volk die Backen nicht rot gemacht. Die Guillotine ist zu langsam. Wir brauchen einen Platzregen.

ERSTER BÜRGER. Unsere Weiber und Kinder schreien nach Brot, wir wollen sie mit Aristokratenfleisch füttern. Heh! totgeschlagen wer kein Loch im Rock hat.

ALLE. Totgeschlagen! totgeschlagen!

ROBESPIERRE. Im Namen des Gesetzes.

ERSTER BÜRGER. Was ist das Gesetz?

ROBESPIERRE. Der Wille des Volks.

ERSTER BÜRGER. Wir sind das Volk und wir wollen, dass kein Gesetz sei. Ergo ist dieser Wille das Gesetz, ergo im Namen des Gesetzes gibt's kein Gesetz mehr, ergo totgeschlagen!

EINIGE STIMMEN. Hört den Aristides, hört den Unbestechlichen!

EIN WEIB. Hört den Messias, der gesandt ist zu wählen und zu richten; er wird die Bösen mit der Schärfe des Schwertes schlagen. Seine Augen sind die Augen der Wahl und seine Hände sind die Hände des Gerichts!

ROBESPIERRE. Armes, tugendhaftes Volk! Du tust deine Pflicht, du opferst deine Feinde. Volk du bist groß. Du offenbarst dich unter Blitzstrahlen und Donnerschlägen. Aber Volk deine Streiche dürfen deinen eignen Leib

---

10 **Ohnehosen:** Sansculotten, eine revolutionäre Gruppe | 24 f. **ergo:** also | 27 **Aristides:** antiker Politiker um 500 v. Chr., berühmt für seine Gerechtigkeit und seinen Tod in Armut | 29 **den Messias:** den Erlöser

nicht verwunden, du mordest dich selbst in deinem
Grimm. Du kannst nur durch deine eigne Kraft fallen,
das wissen deine Feinde. Deine Gesetzgeber wachen, sie
werden deine Hände führen, ihre Augen sind untrügbar,
deine Hände sind unentrinnbar. Kommt mit zu den Jakobinern. Eure Brüder werden euch ihre Arme öffnen,
wir werden ein Blutgericht über unsere Feinde halten.
VIELE STIMMEN. Zu den Jakobinern! es lebe Robespierre!
(Alle ab.)
SIMON. Weh mir, verlassen! (Er versucht sich aufzurichten.)
SEIN WEIB. Da! (Sie unterstützt ihn.)
SIMON. Ach meine Baucis, du sammelst Kohlen auf mein
Haupt.
WEIB. Da steh!
SIMON. Du wendest dich ab? Ha, kannst du mir vergeben,
Porcia? Schlug ich dich? Das war nicht meine Hand, war
nicht mein Arm, mein Wahnsinn tat es.
   Sein Wahnsinn ist des armen Hamlet Feind
   Hamlet tat's nicht, Hamlet verleugnet's.
Wo ist unsre Tochter, wo ist mein Sannchen?
WEIB. Dort um das Eck herum.
SIMON. Fort zu ihr, komm mein tugendreich Gemahl.
(Beide ab.)

Dritte Szene

Der Jakobinerklub

EIN LYONER. Die Brüder von Lyon senden uns um in eure
Brust ihren bittern Unmut auszuschütten. Wir wissen
nicht ob der Karren, auf dem Ronsin zur Guillotine fuhr,
der Totenwagen der Freiheit war, aber wir wissen, dass
seit jenem Tage die Mörder Chaliers wieder so fest auf
den Boden treten, als ob es kein Grab für sie gäbe. Habt
ihr vergessen, dass Lyon ein Flecken auf dem Boden
Frankreichs ist, den man mit den Gebeinen der Verräter
zudecken muss? Habt ihr vergessen, dass diese Hure der

5f. **Jakobinern:** der politische Klub der J. war eine revolutionäre Gruppe | 12/16/20 **Baucis/Porcia/Sannchen:** Frauen mit großem Opfermut; s. Anm. zu 13,12, 13,16, 13,20

Könige ihren Aussatz nur in dem Wasser der Rhone abwaschen kann? Habt ihr vergessen, dass dieser revolutionäre Strom die Flotten Pitts im Mittelmeere auf den Leichen der Aristokraten muss stranden machen? Eure Barmherzigkeit mordet die Revolution. Der Atemzug eines Aristokraten ist das Röcheln der Freiheit. Nur ein Feigling stirbt für die Republik, ein Jakobiner tötet für sie. Wisst, finden wir in euch nicht mehr die Spannkraft der Männer des 10. August, des September und des 31. Mai, so bleibt uns, wie dem Patrioten Gaillard nur der Dolch des Cato.

(Beifall und verwirrtes Geschrei.)

EIN JAKOBINER. Wir werden den Becher des Sokrates mit euch trinken.

LEGENDRE *(schwingt sich auf die Tribüne)*. Wir haben nicht nötig unsere Blicke auf Lyon zu werfen. Die Leute, die seidne Kleider tragen, die in Kutschen fahren, die in den Logen im Theater sitzen und nach dem Diktionär der Akademie sprechen, tragen seit einigen Tagen die Köpfe fest auf den Schultern. Sie sind witzig und sagen man müsse Marat und Chalier zu einem doppelten Märtyrertum verhelfen und sie in effigie guillotinieren.

(Heftige Bewegung in der Versammlung.)

EINIGE STIMMEN. Das sind tote Leute, ihre Zunge guillotiniert sie.

LEGENDRE. Das Blut dieser Heiligen komme über sie. Ich frage die anwesenden Mitglieder des Wohlfahrtsausschusses, seit wann ihre Ohren so taub geworden sind –

COLLOT D'HERBOIS *(unterbricht ihn)*. Und ich frage dich Legendre, wessen Stimme solchen Gedanken Atem gibt, dass sie lebendig werden und zu sprechen wagen. Es ist Zeit die Masken abzureißen. Hört! die Ursache verklagt ihre Wirkung, der Ruf sein Echo, der Grund seine Folge. Der Wohlfahrtsausschuss versteht mehr Logik, Legendre! Sei ruhig. Die Büsten der Heiligen werden unberührt bleiben, sie werden wie Medusenhäupter die Verräter in Stein verwandlen.

---

1 **Aussatz:** Hautkrankheit | 13 **Becher des Sokrates:** Becher mit tödlichem Gift (s. Anm. zu 14,13) | 18 f. **Diktionär der Akademie:** Wörterbuch der Akademie, hier: Sprache der Oberschicht | 22 **in effigie:** symbolisch, stellvertretend

ROBESPIERRE. Ich verlange das Wort.
DIE JAKOBINER. Hört, hört den Unbestechlichen!
ROBESPIERRE. Wir warteten nur auf den Schrei des Unwillens, der von allen Seiten ertönt, um zu sprechen. Unsere Augen waren offen, wir sahen den Feind sich rüsten und sich erheben, aber wir haben das Lärmzeichen nicht gegeben, wir ließen das Volk sich selbst bewachen, es hat nicht geschlafen, es hat an die Waffen geschlagen. Wir ließen den Feind aus seinem Hinterhalt hervorbrechen, wir ließen ihn anrücken, jetzt steht er frei und ungedeckt in der Helle des Tages, jeder Streich wird ihn treffen, er ist tot, sobald ihr ihn erblickt habt.

Ich habe es euch schon einmal gesagt: in zwei Abteilungen, wie in zwei Heereshaufen sind die inneren Feinde der Republik zerfallen. Unter Bannern von verschiedener Farbe und auf den verschiedensten Wegen eilen sie alle dem nämlichen Ziele zu. Die eine dieser Faktionen ist nicht mehr. In ihrem affektierten Wahnsinn suchte sie die erprobtesten Patrioten als abgenutzte Schwächlinge beiseite zu werfen um die Republik ihrer kräftigsten Arme zu berauben. Sie erklärte der Gottheit und dem Eigentum den Krieg um eine Diversion zugunsten der Könige zu machen. Sie parodierte das erhabne Drama der Revolution um dieselbe durch studierte Ausschweifungen bloßzustellen. Héberts Triumph hätte die Republik in ein Chaos verwandelt und der Despotismus war befriedigt. Das Schwert des Gesetzes hat den Verräter getroffen. Aber was liegt den Fremden daran, wenn ihnen Verbrecher einer anderen Gattung zur Erreichung des nämlichen Zwecks bleiben? Wir haben nichts getan, wenn wir noch eine andere Faktion zu vernichten haben.

Sie ist das Gegenteil der vorhergehenden. Sie treibt uns zur Schwäche, ihr Feldgeschrei heißt: Erbarmen! Sie will dem Volk seine Waffen und die Kraft, welche die Waffen führt, entreißen um es nackt und entnervt den Königen zu überantworten.

Die Waffe der Republik ist der Schrecken, die Kraft der

---

17 **eine dieser Faktionen:** gemeint sind die Hébertisten (s. Fußn. zu 6,32); Faktion: politische Gruppe | 18 **affektierten:** verkünstelten, theatralischen | 22 **Diversion:** Ablenkungsmanöver | 26 **Despotismus:** Gewaltherrschaft | 31 **andere Faktion:** die Dantonisten, eine revolutionäre Gruppe

Republik ist die Tugend. Die Tugend, weil ohne sie der Schrecken verderblich, der Schrecken, weil ohne ihn die Tugend ohnmächtig ist. Der Schrecken ist ein Ausfluss der Tugend, er ist nichts anders als die schnelle, strenge und unbeugsame Gerechtigkeit. Sie sagen der Schrecken sei die Waffe einer despotischen Regierung, die unsrige gliche also dem Despotismus. Freilich, aber so wie das Schwert in den Händen eines Freiheitshelden dem Säbel gleicht, womit der Satellit der Tyrannen bewaffnet ist. Regiere der Despot seine tierähnlichen Untertanen durch den Schrecken, er hat Recht als Despot, zerschmettert durch den Schrecken die Feinde der Freiheit und ihr habt als Stifter der Republik nicht minder Recht. Die Revolutionsregierung ist der Despotismus der Freiheit gegen die Tyrannei.

Erbarmen mit den Royalisten!, rufen gewisse Leute. Erbarmen mit Bösewichten? Nein! Erbarmen für die Unschuld, Erbarmen für die Schwäche, Erbarmen für die Unglücklichen, Erbarmen für die Menschheit. Nur dem friedlichen Bürger gebührt von Seiten der Gesellschaft Schutz. In einer Republik sind nur Republikaner Bürger, Royalisten und Fremde sind Feinde. Die Unterdrücker der Menschheit bestrafen ist Gnade, ihnen verzeihen ist Barbarei. Alle Zeichen einer falschen Empfindsamkeit, scheinen mir Seufzer, welche nach England oder nach Östreich fliegen.

Aber nicht zufrieden den Arm des Volkes zu entwaffnen, sucht man noch die heiligsten Quellen seiner Kraft durch das Laster zu vergiften. Dies ist der feinste, gefährlichste und abscheulichste Angriff auf die Freiheit. Das Laster ist das Kainszeichen des Aristokratismus. In einer Republik ist es nicht nur ein moralisches sondern auch ein politisches Verbrechen; der Lasterhafte ist der politische Feind der Freiheit, er ist ihr umso gefährlicher je größer die Dienste sind, die er ihr scheinbar erwiesen. Der gefährlichste Bürger ist derjenige, welcher leichter ein Dutzend rote Mützen verbraucht, als eine gute Handlung vollbringt.

---

9 **Satellit:** hier: Gefolgsmann | 16 **den Royalisten:** den Anhängern des Königs | 31 **Kainszeichen:** Zeichen der Schuld

Ihr werdet mich leicht verstehen, wenn ihr an Leute denkt, welche sonst in Dachstuben lebten und jetzt in Karossen fahren und mit ehemaligen Marquisinnen und Baronessen Unzucht treiben. Wir dürfen wohl fragen: ist das Volk geplündert oder sind die Goldhände der Könige gedrückt worden, wenn wir Gesetzgeber des Volks mit allen Lastern und allem Luxus der ehemaligen Höflinge Parade machen, wenn wir diese Marquis und Grafen der Revolution reiche Weiber heiraten, üppige Gastmähler geben, spielen, Diener halten und kostbare Kleider tragen sehen. Wir dürfen wohl staunen, wenn wir sie Einfälle haben, schöngeistern und so etwas vom guten Ton bekommen hören. Man hat vor kurzem auf eine unverschämte Weise den Tacitus parodiert, ich könnte mit dem Sallust antworten und den Catilina travestieren; doch ich denke, ich habe keine Striche mehr nötig, die Porträts sind fertig.

Keinen Vertrag, keinen Waffenstillstand mit den Menschen welche nur auf Ausplünderung des Volkes bedacht waren, welche diese Ausplünderung ungestraft zu vollbringen hofften, für welche die Republik eine Spekulation und die Revolution ein Handwerk war. In Schrecken gesetzt durch den reißenden Strom der Beispiele suchen sie ganz leise die Gerechtigkeit abzukühlen. Man sollte glauben, jeder sage zu sich selbst: wir sind nicht tugendhaft genug um so schrecklich zu sein. Philosophische Gesetzgeber erbarmt euch unsrer Schwäche, ich wage euch nicht zu sagen, dass ich lasterhaft bin, ich sage euch also lieber, seid nicht grausam!

Beruhige dich tugendhaftes Volk, beruhigt euch ihr Patrioten, sagt euern Brüdern zu Lyon, das Schwert des Gesetzes roste nicht in den Händen, denen ihr es anvertraut habt. – Wir werden der Republik ein großes Beispiel geben ...

(Allgemeiner Beifall.)

VIELE STIMMEN. Es lebe die Republik, es lebe Robespierre.
PRÄSIDENT. Die Sitzung ist aufgehoben.

---

3 **Karossen:** Kutschen | 15 **travestieren:** hier: parodieren und verspotten; wörtlich: umkleiden

Vierte Szene

Eine Gasse
LACROIX. LEGENDRE.

LACROIX. Was hast du gemacht Legendre, weißt du auch, wem du mit deinen Büsten den Kopf herunterwirfst?
LEGENDRE. Einigen Stutzern und eleganten Weibern, das ist alles.
LACROIX. Du bist ein Selbstmörder, ein Schatten, der sein Original und somit sich selbst ermordet.
LEGENDRE. Ich begreife nicht.
LACROIX. Ich dächte Collot hätte deutlich gesprochen.
LEGENDRE. Was macht das? er war wieder betrunken.
LACROIX. Narren, Kinder und – nun? – Betrunkne sagen die Wahrheit. Wen glaubst du denn, dass Robespierre mit dem Catilina gemeint habe?
LEGENDRE. Nun?
LACROIX. Die Sache ist einfach man hat die Atheisten und Ultrarevolutionärs aufs Schafott geschickt; aber dem Volk ist nicht geholfen es läuft noch barfuß in den Gassen und will sich aus Aristokratenleder Schuhe machen. Der Guillotinenthermometer darf nicht fallen, noch einige Grade und der Wohlfahrtsausschuss kann sich sein Bett auf dem Revolutionsplatz suchen.
LEGENDRE. Was haben damit meine Büsten zu schaffen?
LACROIX. Siehst du's noch nicht? Du hast die Contrerevolution offiziell bekannt gemacht, du hast die Decemvirn zur Energie gezwungen, du hast ihnen die Hand geführt. Das Volk ist ein Minotaurus, der wöchentlich seine Leichen haben muss, wenn er sie nicht auffressen soll.
LEGENDRE. Wo ist Danton?
LACROIX. Was weiß ich? Er sucht eben die Mediceische Venus stückweise bei allen Grisetten des Palais-Royal zusammen, er macht Mosaik, wie er sagt; der Himmel weiß bei welchem Glied er gerade ist. Es ist ein Jammer, dass die Natur die Schönheit, wie Medea ihren Bruder, zer-

---

5 **deinen Büsten**: die Büsten Marats und Chaliers | 6 **Stutzern**: überbetont modisch gekleideten Männern | 17 **Atheisten**: Menschen, die von der Nicht-Existenz Gottes überzeugt sind | 25 f. **Contrerevolution**: frz., Gegenrevolution | 32 **Palais-Royal**: frz., Königspalast

stückelt und sie so in Fragmenten in die Körper gesenkt
hat.
Gehn wir ins Palais-Royal.
(Beide ab.)

Fünfte Szene

Ein Zimmer
DANTON. MARION.

MARION. Nein, lass mich! So zu deinen Füßen. Ich will dir erzählen.
DANTON. Du könntest deine Lippen besser gebrauchen.
MARION. Nein lass mich einmal so. Meine Mutter war eine kluge Frau, sie sagte mir immer die Keuschheit sei eine schöne Tugend, wenn Leute ins Haus kamen und von manchen Dingen zu sprechen anfingen, hieß sie mich aus dem Zimmer gehn; frug ich was die Leute gewollt hätten so sagte sie mir ich solle mich schämen; gab sie mir ein Buch zu lesen so musst ich fast immer einige Seiten überschlagen. Aber die Bibel las ich nach Belieben, da war alles heilig, aber es war etwas darin, was ich nicht begriff, ich mochte auch niemand fragen; ich brütete über mir selbst. Da kam der Frühling, es ging überall etwas um mich vor, woran ich keinen Teil hatte. Ich geriet in eine eigne Atmosphäre, sie erstickte mich fast, ich betrachtete meine Glieder, es war mir manchmal, als wäre ich doppelt und verschmölze dann wieder in eins. Ein junger Mensch kam zu der Zeit ins Haus, er war hübsch und sprach oft tolles Zeug, ich wusste nicht recht, was er wollte, aber ich musste lachen. Meine Mutter hieß ihn öfters kommen, das war uns beiden recht. Endlich sahen wir nicht ein, warum wir nicht ebenso gut zwischen zwei Betttüchern beieinander liegen, als auf zwei Stühlen nebeneinander sitzen durften. Ich fand dabei mehr Vergnügen, als bei seiner Unterhaltung und sah nicht ab, warum man mir das geringere gewähren und das größere entzie-

27 **tolles Zeug:** verrückte Sachen

hen wollte. Wir taten's heimlich. Das ging so fort. Aber ich wurde wie ein Meer, was alles verschlang und sich tiefer und tiefer wühlte. Es war für mich nur ein Gegensatz da, alle Männer verschmolzen in einen Leib. Meine Natur war einmal so, wer kann da drüber hinaus? Endlich merkt er's. Er kam eines Morgens und küsste mich, als wollte er mich ersticken, seine Arme schnürten sich um meinen Hals, ich war in unsäglicher Angst. Da ließ er mich los und lachte und sagte: er hätte fast einen dummen Streich gemacht, ich solle mein Kleid nur behalten und es brauchen, es würde sich schon von selbst abtragen, er wolle mir den Spaß nicht vor der Zeit verderben, es wär doch das Einzige, was ich hätte. Dann ging er, ich wusste wieder nicht was er wollte. Den Abend saß ich am Fenster, ich bin sehr reizbar und hänge mit allem um mich nur durch eine Empfindung zusammen, ich versank in die Wellen der Abendröte. Da kam ein Haufe die Straße herab, die Kinder liefen voraus, die Weiber sahen aus den Fenstern. Ich sah hinunter sie trugen ihn in einem Korb vorbei, der Mond schien auf seine bleiche Stirn, seine Locken waren feucht, er hatte sich ersäuft. Ich musste weinen. Das war der einzige Bruch in meinem Wesen. Die andern Leute haben Sonn- und Werktage, sie arbeiten sechs Tage und beten am siebenten, sie sind jedes Jahr auf ihren Geburtstag einmal gerührt und denken jedes Jahr auf Neujahr einmal nach. Ich begreife nichts davon. Ich kenne keinen Absatz, keine Veränderung. Ich bin immer nur eins. Ein ununterbrochnes Sehnen und Fassen, eine Glut, ein Strom. Meine Mutter ist vor Gram gestorben, die Leute weisen mit Fingern auf mich. Das ist dumm. Es läuft auf eins hinaus, an was man seine Freude hat, an Leibern, Christusbildern, Blumen oder Kinderspielsachen, es ist das nämliche Gefühl, wer am meisten genießt, betet am meisten.

DANTON. Warum kann ich deine Schönheit nicht ganz in mich fassen, sie nicht ganz umschließen?

MARION. Danton, deine Lippen haben Augen.

DANTON. Ich möchte ein Teil des Äthers sein, um dich in meiner Flut zu baden, um mich auf jeder Welle deines schönen Leibes zu brechen.

LACROIX, ADELAIDE, ROSALIE, *treten ein.*

LACROIX *(bleibt in der Tür stehn)*. Ich muss lachen, ich muss lachen.

DANTON *(unwillig)*. Nun?

LACROIX. Die Gasse fällt mir ein …

DANTON. Und?

LACROIX. Auf der Gasse waren Hunde, eine Dogge und ein Bologneser Schoßhündlein, die quälten sich.

DANTON. Was soll das?

LACROIX. Das fiel mir nun grade so ein und da musst ich lachen. Es sah erbaulich aus! Die Mädel guckten aus den Fenstern, man sollte vorsichtig sein und sie nicht einmal in die Sonne sitzen lassen, die Mücken treiben's ihnen sonst auf den Händen, das macht Gedanken.

Legendre und ich sind fast durch alle Zellen gelaufen, die Nönnlein von der Offenbarung durch das Fleisch hingen uns an den Rockschößen und wollten den Segen. Legendre gibt einer die Disziplin, aber er wird einen Monat dafür zu fasten bekommen. Da bringe ich zwei von den Priesterinnen mit dem Leib.

MARION. Guten Tag, Demoiselle Adelaide, guten Tag, Demoiselle Rosalie.

ROSALIE. Wir hatten schon lange nicht das Vergnügen.

MARION. Es war mir recht leid.

ADELAIDE. Ach Gott, wir sind Tag und Nacht beschäftigt.

DANTON *(zu Rosalie)*. Ei Kleine, du hast ja geschmeidige Hüften bekommen …

ROSALIE. Ach ja, man vervollkommnet sich täglich.

LACROIX. Was ist der Unterschied zwischen dem antiken und einem modernen Adonis?

DANTON. Und Adelaide ist sittsam interessant geworden! eine pikante Abwechslung. Ihr Gesicht sieht aus wie ein Feigenblatt, das sie sich vor den ganzen Leib hält. So ein

---

1 **Äthers:** hier: der reinen, himmelsgleichen Luft | 11 **Bologneser Schoßhündlein:** Haustier der Prostituierten | 19 **Nönnlein von der Offenbarung durch das Fleisch:** Prostituierte | 21 **Disziplin:** hier: Geschlechtsverkehr | 21f. **dafür zu fasten bekommen:** sexuell enthaltsam sein (wegen einer Syphilisinfektion)

Feigenbaum an einer so gangbaren Straße gibt einen erquicklichen Schatten.

ADELAIDE. Ich wäre ein Herdweg, wenn Monsieur ...

DANTON. Ich verstehe, nur nicht böse mein Fräulein.

LACROIX. So höre doch, ein moderner Adonis wird nicht von einem Eber, sondern von Säuen zerrissen, er bekommt seine Wunde nicht am Schenkel sondern in den Leisten und aus seinem Blut sprießen nicht Rosen hervor sondern schießen Quecksilberblüten an.

DANTON. Fräulein Rosalie ist ein restaurierter Torso, woran nur die Hüften und Füße antik sind. Sie ist eine Magnetnadel, was der Pol Kopf abstößt, zieht der Pol Fuß an, die Mitte ist ein Äquator, wo jeder eine Sublimattaufe nötig hat, der zum ersten Mal die Linie passiert.

LACROIX. Zwei barmherzige Schwestern, jede dient in einem Spital d.h. in ihrem eignen Körper.

ROSALIE. Schämen Sie sich, unsere Ohren rot zu machen!

ADELAIDE. Sie sollten mehr Lebensart haben.

(Adelaide und Rosalie, ab.)

DANTON. Gute Nacht, ihr hübschen Kinder!

LACROIX. Gute Nacht, ihr Quecksilbergruben!

DANTON. Sie dauern mich, sie kommen um ihr Nachtessen.

LACROIX. Höre Danton, ich komme von den Jakobinern.

DANTON. Nichts weiter?

LACROIX. Die Lyoner verlasen eine Proklamation, sie meinten es bliebe ihnen nichts übrig, als sich in die Toga zu wickeln. Jeder machte ein Gesicht, als wollte er zu seinem Nachbar sagen: Paetus es schmerzt nicht! Legendre schrie man wolle Chaliers und Marats Büsten zerschlagen; ich glaube er will sich das Gesicht wieder rot machen, er ist ganz aus der Terreur herausgekommen, die Kinder zupfen ihn auf der Gasse am Rock.

DANTON. Und Robespierre?

LACROIX. Fingerte auf der Tribüne und sagte: die Tugend muss durch den Schrecken herrschen. Die Phrase machte mir Halsweh.

DANTON. Sie hobelt Bretter für die Guillotine.

---

3 **Herdweg:** Weg für den Viehtrieb | 6 **von Säuen:** von den Prostituierten, die ihn infizieren | 7 f. **in den Leisten:** im Schambereich | 10 **Torso:** unvollständige Statue | 25 **Proklamation:** amtliche Bekanntmachung | 26 **Toga:** römisches Gewand | 31 **Terreur:** frz., Schrecken; Schreckensherrschaft der Jakobiner

LACROIX. Und Collot schrie wie besessen, man müsse die Masken abreißen.
DANTON. Da werden die Gesichter mitgehen.

PARIS, *tritt ein.*

LACROIX. Was gibt's Fabricius?
PARIS. Von den Jakobinern weg, ging ich zu Robespierre. Ich verlangte eine Erklärung. Er suchte eine Miene zu machen, wie Brutus, der seine Söhne opfert. Er sprach im Allgemeinen von den Pflichten, sagte der Freiheit gegenüber kenne er keine Rücksicht, er würde alles opfern, sich, seinen Bruder, seine Freunde.
DANTON. Das war deutlich, man braucht nur die Skala herumzukehren, so steht er unten und hält seinen Freunden die Leiter. Wir sind Legendre Dank schuldig, er hat sie sprechen gemacht.
LACROIX. Die Hébertisten sind noch nicht tot, das Volk ist materiell elend, das ist ein furchtbarer Hebel. Die Schale des Blutes darf nicht steigen, wenn sie dem Wohlfahrtsausschuss nicht zur Laterne werden soll, er hat Ballast nötig, er braucht einen schweren Kopf.
DANTON. Ich weiß wohl, – die Revolution ist wie Saturn, sie frisst ihre eignen Kinder. *(Nach einigem Besinnen.)* Doch, sie werden's nicht wagen.
LACROIX. Danton, du bist ein toter Heiliger, aber die Revolution kennt keine Reliquien, sie hat die Gebeine aller Könige auf die Gasse und alle Bildsäulen von den Kirchen geworfen. Glaubst du man würde dich als Monument stehen lassen?
DANTON. Mein Name! das Volk!
LACROIX. Dein Name! du bist ein Gemäßigter, ich bin einer, Camille, Philippeau, Hérault. Für das Volk sind Schwäche und Mäßigung eins. Es schlägt die Nachzügler tot. Die Schneider von der Sektion der roten Mütze werden die ganze römische Geschichte in ihrer Nadel fühlen, wenn der Mann des September ihnen gegenüber ein Gemäßigter war.

---

8 **Brutus:** hier nicht der Verschwörer gegen Caesar; s. Anm. zu 23,8 | 12 **Skala:** Stufenfolge | 14 **Leiter:** die Leiter zum Schafott | 19 **Laterne:** hier: Galgen | 25 **Reliquien:** in der katholischen Kirche verehrte Überreste und Gegenstände von Heiligen | 35 **Mann des September:** Danton

DANTON. Sehr wahr, und außerdem – das Volk ist wie ein Kind, es muss alles zerbrechen, um zu sehen was darin steckt.

LACROIX. Und außerdem Danton, sind wir lasterhaft, wie Robespierre sagt d.h. wir genießen, und das Volk ist tugendhaft d.h. es genießt nicht, weil ihm die Arbeit die Genussorgane stumpf macht, es besäuft sich nicht, weil es kein Geld hat und es geht nicht ins Bordell, weil es nach Käs und Hering aus dem Hals stinkt und die Mädel davor einen Ekel haben.

DANTON. Es hasst die Genießenden, wie ein Eunuch die Männer.

LACROIX. Man nennt uns Spitzbuben und *(sich zu den Ohren Dantons neigend)* es ist, unter uns gesagt, so halbwegs was Wahres dran. Robespierre und das Volk werden tugendhaft sein, St. Just wird einen Roman schreiben und Barère wird eine Carmagnole schneidern und dem Konvent das Blutmäntelchen umhängen und – ich sehe alles …

DANTON. Du träumst. Sie hatten nie Mut ohne mich, sie werden keinen gegen mich haben; die Revolution ist noch nicht fertig, sie könnten mich noch nötig haben, sie werden mich im Arsenal aufheben.

LACROIX. Wir müssen handeln.

DANTON. Das wird sich finden.

LACROIX. Es wird sich finden, wenn wir verloren sind.

MARION *(zu Danton)*. Deine Lippen sind kalt geworden, deine Worte haben deine Küsse erstickt.

DANTON *(zu Marion)*. So viel Zeit zu verlieren! das war der Mühe wert! *(Zu Lacroix.)* Morgen geh ich zu Robespierre, ich werde ihn ärgern, da kann er nicht schweigen. Morgen also! Gute Nacht meine Freunde, gute Nacht, ich danke euch.

LACROIX. Packt euch, meine guten Freunde, packt euch! Gute Nacht Danton, die Schenkel der Demoiselle guillotinieren dich, der Mons Veneris wird dein Tarpejischer Fels. *(Ab.)*

---

11 **Eunuch:** nach Operation zeugungsunfähiger Mann | 17 **Carmagnole:** Bauernjacke, Symbol der Revolutionäre; auch Revolutionslied |
17 **Konvent:** Nationalversammlung (seit 1792); s. Anm. zu 3,[Personen] |
18 **Blutmäntelchen umhängen:** ein Todesurteil fällen lassen | 35 **Mons Veneris:** Venushügel, weibliche Scham

Sechste Szene

Ein Zimmer
ROBESPIERRE. DANTON. PARIS.

ROBESPIERRE. Ich sage dir, wer mir in den Arm fällt, wenn ich das Schwert ziehe, ist mein Feind, seine Absicht tut nichts zur Sache, wer mich verhindert mich zu verteidigen, tötet mich so gut, als wenn er mich angriffe.

DANTON. Wo die Notwehr aufhört fängt der Mord an, ich sehe keinen Grund, der uns länger zum Töten zwänge.

ROBESPIERRE. Die soziale Revolution ist noch nicht fertig, wer eine Revolution zur Hälfte vollendet, gräbt sich selbst sein Grab. Die gute Gesellschaft ist noch nicht tot, die gesunde Volkskraft muss sich an die Stelle dieser nach allen Richtungen abgekitzelten Klasse setzen. Das Laster muss bestraft werden, die Tugend muss durch den Schrecken herrschen.

DANTON. Ich verstehe das Wort Strafe nicht. Mit deiner Tugend Robespierre! du hast kein Geld genommen, du hast keine Schulden gemacht, du hast bei keinem Weibe geschlafen, du hast immer einen anständigen Rock getragen und dich nie betrunken. Robespierre du bist empörend rechtschaffen. Ich würde mich schämen dreißig Jahre lang mit der nämlichen Moralphysiognomie zwischen Himmel und Erde herumzulaufen bloß um des elenden Vergnügens willen andre schlechter zu finden, als mich.

Ist denn nichts in dir, was dir nicht manchmal ganz leise, heimlich sagte, du lügst, du lügst!

ROBESPIERRE. Mein Gewissen ist rein.

DANTON. Das Gewissen ist ein Spiegel vor dem ein Affe sich quält; jeder putzt sich wie er kann und geht auf seine eigne Art auf seinen Spaß dabei aus. Das ist der Mühe wert sich darüber in den Haaren zu liegen. Jeder mag sich wehren, wenn ein andrer ihm den Spaß verdirbt. Hast du das Recht aus der Guillotine einen Waschzuber

---

14 abgekitzelten: erschlafften | **23 f. Moralphysiognomie:** hochanständiger Gesichtsausdruck

für die unreine Wäsche anderer Leute und aus ihren abgeschlagnen Köpfen Fleckkugeln für ihre schmutzigen Kleider zu machen, weil du immer einen sauber gebürsteten Rock trägst? Ja, du kannst dich wehren, wenn sie dir drauf spucken oder Löcher hineinreißen, aber was geht es dich an, solang sie dich in Ruhe lassen? Wenn sie sich nicht genieren so herumzugehn, hast du deswegen das Recht sie ins Grabloch zu sperren? Bist du der Polizeisoldat des Himmels? Und kannst du es nicht ebenso gut mit ansehn, als dein lieber Herrgott, so halte dir dein Schnupftuch vor die Augen.

ROBESPIERRE. Du leugnest die Tugend?

DANTON. Und das Laster. Es gibt nur Epikureer und zwar grobe und feine, Christus war der feinste; das ist der einzige Unterschied, den ich zwischen den Menschen herausbringen kann. Jeder handelt seiner Natur gemäß d.h. er tut, was ihm wohl tut.

Nicht wahr Unbestechlicher, es ist grausam dir die Absätze so von den Schuhen zu treten?

ROBESPIERRE. Danton, das Laster ist zu gewissen Zeiten Hochverrat.

DANTON. Du darfst es nicht proskribieren, ums Himmels willen nicht, das wäre undankbar, du bist ihm zu viel schuldig, durch den Kontrast nämlich.

Übrigens, um bei deinen Begriffen zu bleiben, unsere Streiche müssen der Republik nützlich sein, man darf die Unschuldigen nicht mit den Schuldigen treffen.

ROBESPIERRE. Wer sagt dir denn, dass ein Unschuldiger getroffen worden sei?

DANTON. Hörst du Fabricius? Es starb kein Unschuldiger! *(Er geht, im Hinausgehn zu Paris.)* Wir dürfen keinen Augenblick verlieren, wir müssen uns zeigen!

(Danton und Paris ab.)

ROBESPIERRE *(allein).* Geh nur! Er will die Rosse der Revolution am Bordell halten machen, wie ein Kutscher seine dressierten Gäule, sie werden Kraft genug haben, ihn zum Revolutionsplatz zu schleifen.

2 **Fleckkugeln:** Fleckmittel, Seife in Kugelform | 13 **Epikureer:** Anhänger der Philosophie des Epikur; s. Fußn. zu 8,7 | 22 **proskribieren:** verdammen | 26 **Streiche:** Ruten- oder Schwertstreiche, Hiebe

Mir die Absätze von den Schuhen treten!
Um bei deinen Begriffen zu bleiben!
Halt! Halt! Ist's das eigentlich? Sie werden sagen seine gigantische Gestalt hätte zu viel Schatten auf mich geworfen, ich hätte ihn deswegen aus der Sonne gehen heißen.
Und wenn sie Recht hätten?
Ist's denn so notwendig? Ja, ja! die Republik! Er muss weg.
Es ist lächerlich wie meine Gedanken einander beaufsichtigen. Er muss weg. Wer in einer Masse, die vorwärts drängt stehen bleibt, leistet so gut Widerstand als trät er ihr entgegen; er wird zertreten.
Wir werden das Schiff der Revolution nicht auf den seichten Berechnungen und den Schlammbänken dieser Leute stranden lassen, wir müssen die Hand abhauen, die es zu halten wagt und wenn er es mit den Zähnen packte!
Weg mit einer Gesellschaft, die der toten Aristokratie die Kleider ausgezogen und ihren Aussatz geerbt hat.
Keine Tugend! die Tugend ein Absatz meiner Schuhe! Bei meinen Begriffen!
Wie das immer wieder kommt.
Warum kann ich den Gedanken nicht los werden? Er deutet mit blutigem Finger immer da, da hin! Ich mag so viel Lappen darum wickeln als ich will, das Blut schlägt immer durch. – *(Nach einer Pause.)* Ich weiß nicht, was in mir das andere belügt. *(Er tritt ans Fenster.)* Die Nacht schnarcht über der Erde und wälzt sich im wüsten Traum. Gedanken, Wünsche kaum geahnt, wirr und gestaltlos, die scheu sich vor des Tages Licht verkrochen, empfangen jetzt Form und Gewand und stehlen sich in das stille Haus des Traums. Sie öffnen die Türen, sie sehen aus den Fenstern, sie werden halbwegs Fleisch, die Glieder strecken sich im Schlaf, die Lippen murmeln. – Und ist nicht unser Wachen ein hellerer Traum, sind wir nicht Nachtwandler, ist nicht unser Handeln, wie das im

---

20 ihren Aussatz: ihre Hautkrankheiten

Traum, nur deutlicher, bestimmter, durchgeführter? Wer will uns darum schelten? In einer Stunde verrichtet der Geist mehr Taten des Gedankens, als der träge Organismus unsres Leibes in Jahren nachzutun vermag. Die Sünde ist im Gedanken. Ob der Gedanke Tat wird, ob ihn der Körper nachspielt, das ist Zufall.

ST. JUST, *tritt ein.*

ROBESPIERRE. He, wer da im Finstern? He Licht, Licht!
ST. JUST. Kennst du meine Stimme?
ROBESPIERRE. Ah, du St. Just!
(Eine Dienerin bringt Licht.)
ST. JUST. Warst du allein?
ROBESPIERRE. Eben ging Danton weg.
ST. JUST. Ich traf ihn unterwegs im Palais-Royal. Er machte seine revolutionäre Stirn und sprach in Epigrammen; er duzte sich mit den Ohnehosen, die Grisetten liefen hinter seinen Waden drein und die Leute blieben stehn und zischelten sich in die Ohren, was er gesagt hatte. Wir werden den Vorteil des Angriffs verlieren. Willst du noch länger zaudern? Wir werden ohne dich handeln. Wir sind entschlossen.
ROBESPIERRE. Was wollt ihr tun?
ST. JUST. Wir berufen den Gesetzgebungs-, den Sicherheits- und den Wohlfahrtsausschuss zu feierlicher Sitzung.
ROBESPIERRE. Viel Umstände.
ST. JUST. Wir müssen die große Leiche mit Anstand begraben, wie Priester, nicht wie Mörder. Wir dürfen sie nicht zerstücken, all ihre Glieder müssen mit hinunter.
ROBESPIERRE. Sprich deutlicher.
ST. JUST. Wir müssen ihn in seiner vollen Waffenrüstung beisetzen und seine Pferde und Sklaven auf seinem Grabhügel schlachten. Lacroix –
ROBESPIERRE. Ein ausgemachter Spitzbube, gewesner Advokatenschreiber, gegenwärtig Generallieutenant von Frankreich. Weiter.
ST. JUST. Hérault-Séchelles.

2 **schelten:** ausschimpfen | 15 **Epigrammen:** kurze, oft spöttische Sinngedichte | 16 **Ohnehosen:** Sansculotten; s. Fußn. zu 12,10 | 30 ff. **in seiner vollen Waffenrüstung ... schlachten:** historisch belegter archaischer Ritus

ROBESPIERRE. Ein schöner Kopf.
ST. JUST. Er war der schön gemalte Anfangsbuchstaben der Konstitutionsakte, wir haben dergleichen Zierrat nicht mehr nötig, er wird ausgewischt. Philippeau, Camille ...
ROBESPIERRE. Auch den?
ST. JUST *(überreicht ihm ein Papier)*. Das dacht ich. Da lies!
ROBESPIERRE. Aha, der alte Franziskaner, sonst nichts? Er ist ein Kind, er hat über euch gelacht ...
ST. JUST. Lies, hier! hier! *(Er zeigt ihm eine Stelle.)*
ROBESPIERRE *(liest)*. »Dieser Blutmessias Robespierre auf seinem Kalvarienberge zwischen den beiden Schächern Couthon und Collot, auf dem er opfert und nicht geopfert wird. Die Guillotinenbetschwestern stehen wie Maria und Magdalena unten. St. Just liegt ihm wie Johannes am Herzen, und macht den Konvent mit den apokalyptischen Offenbarungen des Meisters bekannt, er trägt seinen Kopf wie eine Monstranz.«
ST. JUST. Ich will ihn den seinigen wie St. Denis tragen machen.
ROBESPIERRE *(liest weiter)*. »Sollte man glauben, dass der saubre Frack des Messias das Leichenhemd Frankreichs ist und dass seine dünnen auf der Tribüne herumzuckenden Finger, Guillotinmesser sind?

Und du Barère, der du gesagt hast, auf dem Revolutionsplatz werde Münze geschlagen. Doch – ich will den alten Sack nicht aufwühlen. Er ist eine Witwe, die schon ein halb Dutzend Männer hatte und sie begraben half. Wer kann was dafür? Das ist so seine Gabe, er sieht den Leuten ein halbes Jahr vor dem Tode das hippokratische Gesicht an. Wer mag sich auch zu Leichen setzen und den Gestank riechen?«

Also auch du Camille?

Weg mit ihnen! Rasch! nur die Toten kommen nicht wieder. Hast du die Anklage bereit?
ST. JUST. Es macht sich leicht. Du hast die Andeutungen bei den Jakobinern gemacht.
ROBESPIERRE. Ich wollte sie schrecken.

---

3 **Konstitutionsakte:** erste Verfassung von 1791 | 7 **der alte Franziskaner:** eine politische Zeitschrift; s. Anm. zu 29,7 | 11 **Kalvarienberge:** Berg, auf dem Jesus hingerichtet wurde | 17 **Monstranz:** Gefäß zum Aufbewahren der Hostie | 25 f. **den alten Sack:** gemeint ist Barère | 29 f. **das hippokratische Gesicht:** Gesichtsausdruck bald Sterbende

ST. JUST. Ich brauche nur durchzuführen, die Fälscher geben das Ei und die Fremden den Apfel ab. Sie sterben an der Mahlzeit, ich gebe dir mein Wort.
ROBESPIERRE. Dann rasch, morgen. Keinen langen Todeskampf! Ich bin empfindlich seit einigen Tagen. Nur rasch!
(St. Just, ab.)
ROBESPIERRE *(allein)*. Jawohl, Blutmessias, der opfert und nicht geopfert wird. –
Er hat sie mit seinem Blut erlöst und ich erlöse sie mit ihrem eignen. Er hat sie sündigen gemacht und ich nehme die Sünde auf mich. Er hatte die Wollust des Schmerzes und ich habe die Qual des Henkers.
Wer hat sich mehr verleugnet, ich oder er? –
Und doch ist was von Narrheit in dem Gedanken. –
Was sehen wir nur immer nach dem Einen? Wahrlich des Menschen Sohn wird in uns allen gekreuzigt, wir ringen alle im Gethsemanegarten im blutigen Schweiß, aber es erlöst keiner den andern mit seinen Wunden. – Mein Camille! – Sie gehen alle von mir – es ist alles wüst und leer – ich bin allein.

→ Bewusstheit der Vereinsamung

---

18 **Gethsemanegarten:** Garten, in dem Christus seine Festnahme und den Tod erwartete, wobei sein Schweiß wie Blut zur Erde fiel

Zweiter Akt

Erste Szene

Ein Zimmer
DANTON. LACROIX. PHILIPPEAU. PARIS.
CAMILLE DESMOULINS.

CAMILLE. Rasch Danton wir haben keine Zeit zu verlieren.
DANTON (er kleidet sich an). Aber die Zeit verliert uns.
Das ist sehr langweilig immer das Hemd zuerst und dann die Hosen drüber zu ziehen und des Abends ins Bett und morgens wieder heraus zu kriechen und einen Fuß immer so vor den andern zu setzen, da ist gar kein Absehens wie es anders werden soll. Das ist sehr traurig und dass Millionen es schon so gemacht haben und dass Millionen es wieder so machen werden und, dass wir noch obendrein aus zwei Hälften bestehen, die beide das Nämliche tun, so dass alles doppelt geschieht. Das ist sehr traurig.
CAMILLE. Du sprichst in einem ganz kindlichen Ton.
DANTON. Sterbende werden oft kindisch.
LACROIX. Du stürzest dich durch dein Zögern ins Verderben, du reißest alle deine Freunde mit dir. Benachrichtige die Feiglinge, dass es Zeit ist sich um dich zu versammeln, fordere sowohl die vom Tale als die vom Berge auf. Schreie über die Tyrannei der Decemvirn, sprich von Dolchen, rufe Brutus an, dann wirst du die Tribünen erschrecken und selbst die um dich sammeln, die man als Mitschuldige Héberts bedroht. Du musst dich deinem Zorn überlassen. Lasst uns wenigstens nicht entwaffnet und erniedrigt wie der schändliche Hébert sterben.
DANTON. Du hast ein schlechtes Gedächtnis, du nanntest mich einen toten Heiligen. Du hattest mehr Recht, als du selbst glaubtest. Ich war bei den Sektionen, sie waren ehrfurchtsvoll, aber wie Leichenbitter. Ich bin eine Reli-

---

23 **die vom Tale ... die vom Berge:** gemeint sind Teile des Konvents; s. Anm. zu 3 (S. 88) | 24 **Decemvirn:** die Mitglieder des Wohlfahrtsausschusses | 25 **Brutus:** einer der Verschwörer gegen Caesar | 33 **Leichenbitter:** Personen, die zur Beerdigung einladen

quie und Reliquien wirft man auf die Gasse, du hattest Recht.

LACROIX. Warum hast du es dazu kommen lassen?

DANTON. Dazu? Ja wahrhaftig, es war mir zuletzt langweilig. Immer im nämlichen Rock herumzulaufen, und die nämlichen Falten zu ziehen! Das ist erbärmlich. So ein armseliges Instrument zu sein, auf dem eine Saite immer nur einen Ton angibt!

's ist nicht zum Aushalten. Ich wollte mir's bequem machen. Ich hab es erreicht, die Revolution setzt mich in Ruhe, aber auf andere Weise, als ich dachte.

Übrigens, auf was sich stützen? Unsere Huren könnten es noch mit den Guillotinenbetschwestern aufnehmen, sonst weiß ich nichts. Es lässt sich an den Fingern herzählen: die Jakobiner haben erklärt, dass die Tugend an der Tagesordnung sei, die Cordeliers nennen mich Héberts Henker, der Gemeinderat tut Buße, der Konvent, – das wäre noch ein Mittel! aber es gäbe einen 31. Mai, sie würden nicht gutwillig weichen. Robespierre ist das Dogma der Revolution, es darf nicht ausgestrichen werden. Es ginge auch nicht. Wir haben nicht die Revolution, sondern die Revolution hat uns gemacht. Und wenn es ginge – ich will lieber guillotiniert werden, als guillotinieren lassen. Ich hab es satt, wozu sollen wir Menschen miteinander kämpfen? Wir sollten uns nebeneinander setzen und Ruhe haben. Es wurde ein Fehler gemacht, wie wir geschaffen worden, es fehlt uns was, ich habe keinen Namen dafür, wir werden es uns einander nicht aus den Eingeweiden herauswühlen, was sollen wir uns drum die Leiber aufbrechen? Geht, wir sind elende Alchimisten.

CAMILLE. Pathetischer gesagt würde es heißen: wie lange soll die Menschheit im ewigen Hunger ihre eignen Glieder fressen? oder, wie lange sollen wir Schiffbrüchige auf einem Wrack in unlöschbarem Durst einander das Blut aus den Adern saugen? oder, wie lange sollen wir Algebraisten im Fleisch beim Suchen nach dem unbekannten,

---

1 **Reliquien:** s. Fußn. zu 23,25 | 5 **im nämlichen Rock:** in derselben Kleidung | 20 **Dogma:** unumstößlicher Glaubenssatz | 31 **Alchimisten:** A. versuchten, künstlich Gold herzustellen; in einiger Hinsicht Vorläufer der heutigen Chemiker | 32 **Pathetischer:** hier: mit mehr Leidenschaft, stilistisch höher

ewig verweigerten X unsere Rechnungen mit zerfetzten Gliedern schreiben?

DANTON. Du bist ein starkes Echo.

CAMILLE. Nicht wahr, ein Pistolenschuss schallt gleich wie ein Donnerschlag. Desto besser für dich, du solltest mich immer bei dir haben.

PHILIPPEAU. Und Frankreich bleibt seinen Henkern?

DANTON. Was liegt daran? Die Leute befinden sich ganz wohl dabei. Sie haben Unglück, kann man mehr verlangen um gerührt, edel, tugendhaft oder witzig zu sein oder um überhaupt keine Langeweile zu haben? Ob sie nun an der Guillotine oder am Fieber oder am Alter sterben? Es ist noch vorzuziehen, sie treten mit gelenken Gliedern hinter die Kulissen und können im Abgehen noch hübsch gestikulieren und die Zuschauer klatschen hören. Das ist ganz artig und passt für uns, wir stehen immer auf dem Theater, wenn wir auch zuletzt im Ernst erstochen werden.

Es ist recht gut, dass die Lebenszeit ein wenig reduziert wird, der Rock war zu lang, unsere Glieder konnten ihn nicht ausfüllen. Das Leben wird ein Epigramm, das geht an, wer hat auch Atem und Geist genug für ein Epos in fünfzig oder sechzig Gesängen? 's ist Zeit, dass man das bisschen Essenz nicht mehr aus Zübern sondern aus Likörgläschen trinkt, so bekommt man doch das Maul voll, sonst konnte man kaum einige Tropfen in dem plumpen Gefäß zusammenrinnen machen.

Endlich – ich müsste schreien, das ist mir der Mühe zu viel, das Leben ist nicht die Arbeit wert, die man sich macht, es zu erhalten.

PARIS. So flieh Danton!

DANTON. Nimmt man das Vaterland an den Schuhsohlen mit?

Und endlich – und das ist die Hauptsache: sie werden's nicht wagen.

(*Zu Camille.*) Komm mein Junge, ich sage dir sie werden's nicht wagen. Adieu. Adieu!

---

13 f. **treten ... hinter die Kulissen:** Bild für das Sterben | 22 **Epos:** erzählende Dichtung in Versen | 24 **Zübern:** großen Fässern

(Danton und Camille ab.)

PHILIPPEAU. Da geht er hin.
LACROIX. Und glaubt kein Wort von dem was er gesagt hat. Nichts als Faulheit! Er will sich lieber guillotinieren lassen, als eine Rede halten.
PARIS. Was tun?
LACROIX. Heimgehn und als Lucretia auf einen anständigen Fall studieren.

Zweite Szene

Eine Promenade
SPAZIERGÄNGER.

EIN BÜRGER. Meine gute Jacqueline, ich wollte sagen Corn…, wollt ich Cor…
SIMON. Cornelia, Bürger, Cornelia.
BÜRGER. Meine gute Cornelia hat mich mit einem Knäblein erfreut.
SIMON. Hat der Republik einen Sohn geboren.
BÜRGER. Der Republik, das lautet zu allgemein, man könnte sagen …
SIMON. Das ist's gerade, das Einzelne muss sich dem Allgemeinen …
BÜRGER. Ach ja, das sagt meine Frau auch.
BÄNKELSÄNGER. Was doch ist, was doch ist
    Aller Männer Freud und Lüst?
BÜRGER. Ach mit den Namen, da komm ich gar nicht ins Reine.
SIMON. Tauf ihn: Pike, Marat.
BÄNKELSÄNGER. Unter Kummer, unter Sorgen
    Sich bemühn vom frühen Morgen
    Bis der Tag vorüber ist.
BÜRGER. Ich hätte gern drei, es ist doch was mit der Zahl drei, und dann was Nützliches und was Rechtliches, jetzt hab ich's: Pflug, Robespierre.
Und dann das Dritte?

7f. **als Lucretia … studieren:** Anspielung auf den geplanten und dann realisierten Selbstmord der L., s. Anm. zu 10,25 | 27 **Pike:** Spieß als Waffe einfacher Soldaten | 27 **Marat:** s. Anm. zu 7,7

SIMON. Pike.
BÜRGER. Ich dank Euch, Nachbar. Pike, Pflug, Robespierre, das sind hübsche Namen, das macht sich schön.
SIMON. Ich sage dir, die Brust deiner Cornelia, wird wie das Euter der römischen Wölfin, nein, das geht nicht. Romulus war ein Tyrann, das geht nicht.
(Gehn vorbei.)
EIN BETTLER *(singt).* Eine Handvoll Erde
                Und ein wenig Moos …
Liebe Herren, schöne Damen!
ERSTER HERR. Kerl arbeite, du siehst ganz wohlgenährt aus.
ZWEITER HERR. Da! *(Er gibt ihm Geld.)* Er hat eine Hand wie Samt. Das ist unverschämt.
BETTLER. Mein Herr wo habt Ihr Euren Rock her?
ZWEITER HERR. Arbeit, Arbeit! du könntest den nämlichen haben, ich will dir Arbeit geben, komm zu mir, ich wohne …
BETTLER. Herr, warum habt Ihr gearbeitet?
ZWEITER HERR. Narr, um den Rock zu haben.
BETTLER. Ihr habt Euch gequält um einen Genuss zu haben, denn so ein Rock ist ein Genuss, ein Lumpen tut's auch.
ZWEITER HERR. Freilich, sonst geht's nicht.
BETTLER. Dass ich ein Narr wäre. Das hebt einander. Die Sonne scheint warm an das Eck und das geht ganz leicht.
(Singt.) Eine Handvoll Erde
        Und ein wenig Moos …
ROSALIE *(zu Adelaiden).* Mach fort, da kommen Soldaten, wir haben seit gestern nichts Warmes in den Leib gekriegt.
BETTLER.   Ist auf dieser Erde
              Einst mein letztes Los!
Meine Herren, meine Damen!
SOLDAT. Halt! wo hinaus meine Kinder?
(Zu Rosalie.) Wie alt bist du?
ROSALIE. So alt wie mein kleiner Finger.
SOLDAT. Du bist sehr spitz.
ROSALIE. Und du sehr stumpf.

---

6 **Romulus:** der Sage nach Gründer Roms, wurde von einer Wölfin gestillt | 23 **Das hebt einander:** Das gleicht sich aus.

SOLDAT. So will ich mich an dir wetzen.
  (Er singt.) Christinlein, lieb Christinlein mein,
  Tut dir der Schaden weh, Schaden weh,
  Schaden weh, Schaden weh!
ROSALIE *(singt).* Ach nein, ihr Herrn Soldaten,
  Ich hätt es gerne meh, gerne meh,
  Gerne meh, gerne meh!

DANTON *und* CAMILLE *treten auf.*

DANTON. Geht das nicht lustig? Ich wittre was in der Atmosphäre, es ist als brüte die Sonne Unzucht aus. Möchte man nicht drunter springen, sich die Hosen vom Leibe reißen und sich über den Hintern begatten wie die Hunde auf der Gasse?
(Gehen vorbei.)
JUNGER HERR. Ach Madame, der Ton einer Glocke, das Abendlicht an den Bäumen, das Blinken eines Sterns.
MADAME. Der Duft einer Blume, diese natürlichen Freuden, dieser reine Genuss der Natur! *(Zu ihrer Tochter.)* Sieh, Eugenie, nur die Tugend hat Augen dafür.
EUGENIE *(küsst ihrer Mutter die Hand).* Ach Mama, ich sehe nur Sie!
MADAME. Gutes Kind!
JUNGER HERR *(zischelt Eugenien ins Ohr).* Sehen Sie dort die hübsche Dame mit dem alten Herrn?
EUGENIE. Ich kenne sie.
JUNGER HERR. Man sagt ihr Friseur habe sie à l'enfant frisiert.
EUGENIE *(lacht).* Böse Zunge!
JUNGER HERR. Der alte Herr geht neben bei, er sieht das Knöspchen schwellen und führt es in die Sonne spazieren und meint er sei der Gewitterregen, der es habe wachsen machen.
EUGENIE. Wie unanständig, ich hätte Lust rot zu werden.
JUNGER HERR. Das könnte mich blass machen.
DANTON *(zu Camille).* Mute mir nur nichts Ernsthaftes zu.

---

27 f. à **l'enfant frisiert:** frz., mit einem Kinderhaarschnitt versehen; hier: geschwängert

Ich begreife nicht warum die Leute nicht auf der Gasse stehen bleiben und einander ins Gesicht lachen. Ich meine sie müssten zu den Fenstern und zu den Gräbern heraus lachen und der Himmel müsse bersten und die Erde müsse sich wälzen vor Lachen.

ERSTER HERR. Ich versichre Sie, eine außerordentliche Entdeckung! Alle technischen Künste bekommen dadurch eine andere Physiognomie. Die Menschheit eilt mit Riesenschritten ihrer hohen Bestimmung entgegen.

ZWEITER HERR. Haben Sie das neue Stück gesehen? Ein babylonischer Turm! Ein Gewirr von Gewölben, Treppchen, Gängen und das alles so leicht und kühn in die Luft gesprengt. Man schwindelt bei jedem Tritt. Ein bizarrer Kopf. *(Er bleibt verlegen stehn.)*

ERSTER HERR. Was haben Sie denn?

ZWEITER HERR. Ach nichts! Ihre Hand, Herr! die Pfütze, so! Ich danke Ihnen. Kaum kam ich vorbei, das konnte gefährlich werden!

ERSTER HERR. Sie fürchteten doch nicht?

ZWEITER HERR. Ja, die Erde ist eine dünne Kruste, ich meine immer ich könnte durchfallen, wo so ein Loch ist. Man muss mit Vorsicht auftreten, man könnte durchbrechen. Aber gehn Sie ins Theater, ich rat es Ihnen.

Dritte Szene

Ein Zimmer
DANTON. CAMILLE. LUCILE.

CAMILLE. Ich sage euch, wenn sie nicht alles in hölzernen Kopien bekommen, verzettelt in Theatern, Konzerten und Kunstausstellungen, so haben sie weder Augen noch Ohren dafür. Schnitzt einer eine Marionette, wo man den Strick hereinhängen sieht, an dem sie gezerrt wird und deren Gelenke bei jedem Schritt in fünffüßigen Jamben krachen, welch ein Charakter, welche Konsequenz!

---

8 **Physiognomie:** Aussehen | 13f. **bizarrer:** bizarr, frz.: seltsam, wunderlich, verschroben | 28 **Kopien:** hier: Nachahmungen | 32f. **fünffüßigen Jamben:** häufiges Versmaß im Drama | 33 **Charakter:** Figur im Drama und psychische Eigenheit eines Menschen

Nimmt einer ein Gefühlchen, eine Sentenz, einen Begriff und zieht ihm Rock und Hosen an, macht ihm Hände und Füße, färbt ihm das Gesicht und lässt das Ding sich drei Akte hindurch herumquälen, bis es sich zuletzt verheiratet oder sich totschießt – ein Ideal! Fiedelt einer eine Oper, welche das Schweben und Senken im menschlichen Gemüt wiedergibt wie eine Tonpfeife mit Wasser die Nachtigall – ach die Kunst!

Setzt die Leute aus dem Theater auf die Gasse: ach, die erbärmliche Wirklichkeit!

Sie vergessen ihren Herrgott über seinen schlechten Kopisten. Von der Schöpfung, die glühend, brausend und leuchtend, um und in ihnen, sich jeden Augenblick neu gebiert, hören und sehen sie nichts. Sie gehen ins Theater, lesen Gedichte und Romane, schneiden den Fratzen darin die Gesichter nach und sagen zu Gottes Geschöpfen: wie gewöhnlich!

Die Griechen wussten, was sie sagten, wenn sie erzählten Pygmalions Statue sei wohl lebendig geworden, habe aber keine Kinder bekommen.

DANTON. Und die Künstler gehn mit der Natur um wie David, der im September die Gemordeten, wie sie aus der Force auf die Gasse geworfen wurden, kaltblütig zeichnete und sagte: ich erhasche die letzten Zuckungen des Lebens in diesen Bösewichtern. *(Danton wird hinausgerufen.)*

CAMILLE. Was sagst du Lucile?

LUCILE. Nichts, ich seh dich so gern sprechen.

CAMILLE. Hörst mich auch?

LUCILE. Ei freilich.

CAMILLE. Hab ich Recht, weißt du auch, was ich gesagt habe?

LUCILE. Nein wahrhaftig nicht.

(Danton kömmt zurück.)

CAMILLE. Was hast du?

DANTON. Der Wohlfahrtsausschuss hat meine Verhaftung beschlossen. Man hat mich gewarnt und mir einen Zufluchtsort angeboten.

---

1 **Sentenz**: lat., Satz | 5 **Ideal**: griech., anzustrebender Wert; Schlüsselbegriff der klassizistischen Dichtungslehre | 11 f. **Kopisten**: Nachahmer, gemeint sind die Dichter und Künstler | 22 **September**: s. Anm. zu 12,13 | 23 **Force**: Pariser Gefängnis; Ort der Septembermorde

Sie wollen meinen Kopf, meinetwegen. Ich bin der Hudeleien überdrüssig. Mögen sie ihn nehmen. Was liegt daran? Ich werde mit Mut zu sterben wissen, das ist leichter, als zu leben.

CAMILLE. Danton, noch ist's Zeit.
DANTON. Unmöglich, – aber ich hätte nicht gedacht.
CAMILLE. Deine Trägheit!
DANTON. Ich bin nicht träg, aber müde. Meine Sohlen brennen mich.
CAMILLE. Wo gehst du hin?
DANTON. Ja, wer das wüsste!
CAMILLE. Im Ernst, wohin?
DANTON. Spazieren, mein Junge, spazieren! *(Er geht.)*
LUCILE. Ach Camille!
CAMILLE. Sei ruhig, lieb Kind.
LUCILE. Wenn ich denke, dass sie dies Haupt! Mein Camille! das ist Unsinn, gelt, ich bin wahnsinnig?
CAMILLE. Sei ruhig, Danton und ich sind nicht Eins.
LUCILE. Die Erde ist weit und es sind viel Dinge drauf, warum denn grade das eine? Wer sollte mir's nehmen? Das wäre arg. Was wollten sie auch damit anfangen?
CAMILLE. Ich wiederhole dir, du kannst ruhig sein. Gestern sprach ich mit Robespierre, er war freundlich. Wir sind ein wenig gespannt, das ist wahr, verschiedne Ansichten, sonst nichts!
LUCILE. Such ihn auf.
CAMILLE. Wir saßen auf einer Schulbank. Er war immer finster, und einsam. Ich allein suchte ihn auf und machte ihn zuweilen lachen. Er hat mir immer große Anhänglichkeit gezeigt. Ich gehe.
LUCILE. So schnell, mein Freund? Geh! Komm! Nur das *(sie küsst ihn)* und das! Geh! Geh!
(Camille ab.)
LUCILE. Das ist eine böse Zeit. Es geht einmal so. Wer kann da drüber hinaus? Man muss sich fassen.
(Singt.) Ach Scheiden, ach Scheiden, ach Scheiden
Wer hat sich das Scheiden erdacht?

1f. **Hudeleien:** Probleme, Schlampereien (von Hudel: Lappen, Lumpen) | 21 **arg:** böse | 36 **Scheiden:** (sich) trennen, verabschieden

Wie kommt mir gerad das in Kopf? Das ist nicht gut, dass es den Weg so von selbst findet.
Wie er hinaus ist, war mir's als könnte er nicht mehr umkehren und müsse immer weiter weg von mir, immer weiter.
Wie das Zimmer so leer ist, die Fenster stehn offen, als hätte ein Toter drin gelegen. Ich halt es da oben nicht aus. *(Sie geht.)*

Vierte Szene

Freies Feld
DANTON.

Ich mag nicht weiter. Ich mag in dieser Stille mit dem Geplauder meiner Tritte und dem Keuchen meines Atems nicht Lärmen machen. *(Er setzt sich nieder, nach einer Pause.)*
Man hat mir von einer Krankheit erzählt, die einem das Gedächtnis verlieren mache. Der Tod soll etwas davon haben. Dann kommt mir manchmal die Hoffnung, dass er vielleicht noch kräftiger wirke und einem alles verlieren mache. Wenn das wäre!
Dann lief' ich wie ein Christ um meinen Feind d.h. mein Gedächtnis zu retten. Der Ort soll sicher sein, ja für mein Gedächtnis, aber nicht für mich, mir gibt das Grab mehr Sicherheit, es schafft mir wenigstens Vergessen! Es tötet mein Gedächtnis. Dort aber lebt mein Gedächtnis und tötet mich. Ich oder es? Die Antwort ist leicht. *(Er erhebt sich und kehrt um.)*
Ich kokettiere mit dem Tod, es ist ganz angenehm so aus der Entfernung mit dem Lorgnon mit ihm zu liebäugeln. Eigentlich muss ich über die ganze Geschichte lachen. Es ist ein Gefühl des Bleibens in mir, was mir sagt, es wird morgen sein, wie heute, und übermorgen und weiter hinaus ist alles wie eben. Das ist leerer Lärm, man will mich schrecken, sie werden's nicht wagen. *(Ab.)*

---

27 **kokettiere:** flirte | 28 **Lorgnon:** Brille mit einem Glas und Stiel, Zeichen der Vornehmen

Fünfte Szene

Ein Zimmer
Es ist Nacht.
DANTON. JULIE.

DANTON *(am Fenster)*. Will denn das nie aufhören? Wird das Licht nie ausglühn und der Schall nie modern, will's denn nie still und dunkel werden, dass wir uns die garstigen Sünden einander nicht mehr anhören und ansehen? – September! –

JULIE *(ruft von innen)*. Danton! Danton!

DANTON. He?

JULIE *(tritt ein)*. Was rufst du?

DANTON. Rief ich?

JULIE. Du sprachst von garstigen Sünden und dann stöhntest du: September!

DANTON. Ich, ich? Nein, ich sprach nicht, das dacht ich kaum, das waren nur ganz leise heimliche Gedanken.

JULIE. Du zitterst Danton.

DANTON. Und soll ich nicht zittern, wenn so die Wände plaudern? Wenn mein Leib so zerschellt ist, dass meine Gedanken unstet, umirrend mit den Lippen der Steine reden? das ist seltsam.

JULIE. Georg, mein Georg!

DANTON. Ja Julie, das ist sehr seltsam. Ich möchte nicht mehr denken, wenn das gleich so spricht. Es gibt Gedanken Julie, für die es keine Ohren geben sollte. Das ist nicht gut, dass sie bei der Geburt gleich schreien, wie Kinder. Das ist nicht gut.

JULIE. Gott erhalte dir deine Sinne, Georg, Georg, erkennst du mich?

DANTON. Ei warum nicht, du bist ein Mensch und dann eine Frau und endlich meine Frau, und die Erde hat fünf Weltteile, Europa, Asien, Afrika, Amerika, Australien und zweimal zwei macht vier. Ich bin bei Sinnen, siehst du. Schrie's nicht September? Sagtest du nicht so was?

---

6 **modern**: verfaulen, vergehen | 9 **September**: s. Anm. zu 12,13 | 20 **zerschellt**: zerbrochen | 21 **unstet**: unruhig

JULIE. Ja Danton, durch alle Zimmer hört ich's.
DANTON. Wie ich ans Fenster kam – *(er sieht hinaus)* die Stadt ist ruhig, alle Lichter aus …
JULIE. Ein Kind schreit in der Nähe.
DANTON. Wie ich ans Fenster kam – durch alle Gassen schrie und zetert' es: September!
JULIE. Du träumtest Danton. Fass dich.
DANTON. Träumtest? ja ich träumte, doch das war anders, ich will dir es gleich sagen, mein armer Kopf ist schwach, gleich! so jetzt hab ich's! Unter mir keuchte die Erdkugel in ihrem Schwung, ich hatte sie wie ein wildes Ross gepackt, mit riesigen Gliedern wühlt ich in ihrer Mähne und presst ich ihre Rippen, das Haupt abwärts gebückt, die Haare flatternd über dem Abgrund. So ward ich geschleift. Da schrie ich in der Angst, und ich erwachte. Ich trat ans Fenster – und da hört ich's Julie.
Was das Wort nur will? Warum gerade das, was hab ich damit zu schaffen. Was streckt es nach mir die blutigen Hände? Ich hab es nicht geschlagen.
O hilf mir Julie, mein Sinn ist stumpf. War's nicht im September Julie?
JULIE. Die Könige waren noch vierzig Stunden von Paris …
DANTON. Die Festungen gefallen, die Aristokraten in der Stadt.
JULIE. Die Republik war verloren.
DANTON. Ja verloren. Wir konnten den Feind nicht im Rücken lassen, wir wären Narren gewesen, zwei Feinde auf einem Brett, wir oder sie, der Stärkere stößt den Schwächeren hinunter, ist das nicht billig?
JULIE. Ja, ja.
DANTON. Wir schlugen sie, das war kein Mord, das war Krieg nach innen.
JULIE. Du hast das Vaterland gerettet.
DANTON. Ja das hab ich, das war Notwehr, wir mussten. Der Mann am Kreuze hat sich's bequem gemacht: es muss ja Ärgernis kommen, doch wehe dem, durch welchen Ärgernis kommt.

---

22 Die Könige: die Armeen verschiedener Königreiche (Preußen, Österreich u.a.); s. 3. »Die Französische Revolution«, S. 102 ff. | **23 Festungen:** Verdun und Longwy | **35 Der Mann am Kreuze:** Christus

Es muss, das war dies Muss. Wer will der Hand fluchen, auf die der Fluch des Muss gefallen? Wer hat das Muss gesprochen, wer? Was ist das, was in uns hurt, lügt, stiehlt und mordet?

Puppen sind wir von unbekannten Gewalten am Draht gezogen; nichts, nichts wir selbst! Die Schwerter, mit denen Geister kämpfen, man sieht nur die Hände nicht wie im Märchen.

Jetzt bin ich ruhig.

JULIE. Ganz ruhig, lieb Herz?
DANTON. Ja Julie, komm zu Bette!

Sechste Szene

Straße vor Dantons Haus
SIMON. BÜRGERSOLDATEN.

SIMON. Wie weit ist's in der Nacht?
ERSTER BÜRGER. Was in der Nacht?
SIMON. Wie weit ist die Nacht?
ERSTER BÜRGER. So weit als zwischen Sonnenuntergang und Sonnenaufgang …
SIMON. Schuft, wie viel Uhr?
ERSTER BÜRGER. Sieh auf dein Zifferblatt, es ist die Zeit, wo die Perpendikel unter den Bettdecken ausschlagen.
SIMON. Wir müssen hinauf! Fort Bürger! Wir haften mit unseren Köpfen dafür. Tot oder lebendig! Er hat gewaltige Glieder. Ich werde vorangehn, Bürger. Der Freiheit eine Gasse!

Sorgt für mein Weib! Eine Eichenkrone werd ich ihr hinterlassen.
ERSTER BÜRGER. Eine Eichelkron? Es sollen ihr ohnehin jeden Tag Eicheln genug in den Schoß fallen.
SIMON. Vorwärts Bürger, ihr werdet euch um das Vaterland verdient machen.
ZWEITER BÜRGER. Ich wollte das Vaterland machte sich um

---

22 **Perpendikel:** Pendel der Uhr; hier: Bild für das männliche Geschlechtsteil | 27 **Eichenkrone:** in Rom Auszeichnung für verdiente Bürger | 29 f. **Eichelkron … Schoß:** zotiges Sprachspiel (Eichel: vorderer Teil des Gliedes; Schoß: weibliches Geschlecht)

uns verdient; über all den Löchern, die wir in anderer Leute Körper machen, ist noch kein einziges in unsern Hosen zugegangen.

ERSTER BÜRGER. Willst du, dass dir dein Hosenlatz zuginge? Hä, hä, hä.

DIE ANDERN. Hä, hä, hä.

SIMON. Fort, fort!

(Sie dringen in Dantons Haus.)

Siebente Szene

Der Nationalkonvent
EINE GRUPPE VON DEPUTIERTEN.

LEGENDRE. Soll denn das Schlachten der Deputierten nicht aufhören? Wer ist noch sicher, wenn Danton fällt?

EIN DEPUTIERTER. Was tun?

EIN ANDRER. Er muss vor den Schranken des Konvents gehört werden. Der Erfolg dieses Mittels ist sicher, was sollten sie seiner Stimme entgegensetzen?

EIN ANDERER. Unmöglich, ein Dekret verhindert uns.

LEGENDRE. Es muss zurückgenommen oder eine Ausnahme gestattet werden.
Ich werde den Antrag machen. Ich rechne auf eure Unterstützung.

DER PRÄSIDENT. Die Sitzung ist eröffnet.

LEGENDRE *(besteigt die Tribüne)*. Vier Mitglieder des Nationalkonvents sind verflossene Nacht verhaftet worden. Ich weiß, dass Danton einer von ihnen ist, die Namen der Übrigen kenne ich nicht. Mögen sie übrigens sein, wer sie wollen, so verlange ich, dass sie vor den Schranken gehört werden. Bürger, ich erkläre es, ich halte Danton für ebenso rein, wie mich selbst und ich glaube nicht, dass mir irgendein Vorwurf gemacht werden kann. Ich will kein Mitglied des Wohlfahrts- oder des Sicherheitsausschusses angreifen, aber gegründete Ursachen lassen mich fürchten Privathass und Privatleidenschaften könn-

---

15 **Schranken:** Schranken trennten die Redner vom Publikum. |
18 **Dekret:** behördliche Verordnung

ten der Freiheit Männer entreißen, die ihr die größten Dienste erwiesen haben. Der Mann, welcher im Jahre 1792 Frankreich durch seine Energie rettete, verdient gehört zu werden, er muss sich erklären dürfen wenn man ihn des Hochverrats anklagt.

(Heftige Bewegung.)

EINIGE STIMMEN. Wir unterstützen Legendres Vorschlag.

EIN DEPUTIERTER. Wir sind hier im Namen des Volkes, man kann uns ohne den Willen unserer Wähler nicht von unseren Plätzen reißen.

EIN ANDERER. Eure Worte riechen nach Leichen, ihr habt sie den Girondisten aus dem Mund genommen. Wollt ihr Privilegien? Das Beil des Gesetzes schwebt über allen Häuptern.

EIN ANDERER. Wir können unsern Ausschüssen nicht erlauben die Gesetzgeber aus dem Asyl des Gesetzes auf die Guillotine zu schicken.

EIN ANDERER. Das Verbrechen hat kein Asyl, nur gekrönte Verbrecher finden eins auf dem Thron.

EIN ANDERER. Nur Spitzbuben appellieren an das Asylrecht.

EIN ANDRER. Nur Mörder erkennen es nicht an.

ROBESPIERRE. Die seit langer Zeit in dieser Versammlung unbekannte Verwirrung, beweist, dass es sich um große Dinge handelt. Heute entscheidet sich's ob einige Männer den Sieg über das Vaterland davontragen werden. Wie könnt ihr eure Grundsätze weit genug verleugnen, um heute einigen Individuen das zu bewilligen, was ihr gestern Chabot, Delaunay und Fabre verweigert habt? Was soll dieser Unterschied zugunsten einiger Männer? Was kümmern mich die Lobsprüche, die man sich selbst und seinen Freunden spendet? Nur zu viele Erfahrungen haben uns gezeigt, was davon zu halten sei. Wir fragen nicht ob ein Mann diese oder jene patriotische Handlung vollbracht habe, wir fragen nach seiner ganzen politischen Laufbahn.

Legendre scheint die Namen der Verhafteten nicht zu

---

13 **Privilegien:** lat., Vorrechte, Sonderrechte | 16 **Asyl des Gesetzes:** Vertreter des Konvents genossen eigentlich Immunität vor Strafverfolgung. | 20 **appellieren:** lat., anrufen | 28 **Individuen:** hier abschätzig statt »Menschen«

wissen, der ganze Konvent kennt sie. Sein Freund Lacroix ist darunter. Warum scheint Legendre das nicht zu wissen? Weil er wohl weiß, dass nur die Schamlosigkeit Lacroix verteidigen kann. Er nannte nur Danton, weil er glaubt an diesen Namen knüpfe sich ein Privilegium. Nein, wir wollen keine Privilegien, wir wollen keine Götzen!
(Beifall.)
Was hat Danton vor Lafayette, vor Dumouriez, vor Brissot, Fabre, Chabot, Hébert voraus? Was sagt man von diesen, was man nicht auch von ihm sagen könnte? Habt ihr sie gleichwohl geschont? Wodurch verdient er einen Vorzug vor seinen Mitbürgern?
Etwa, weil einige betrogne Individuen und andere, die sich nicht betrügen ließen, sich um ihn reihten um in seinem Gefolge dem Glück und der Macht in die Arme zu laufen? Je mehr er die Patrioten betrogen hat, welche Vertrauen in ihn setzten, desto nachdrücklicher muss er die Strenge der Freiheitsfreunde empfinden.
Man will euch Furcht einflößen vor dem Missbrauche einer Gewalt, die ihr selbst ausgeübt habt. Man schreit über den Despotismus der Ausschüsse, als ob das Vertrauen, welches das Volk euch geschenkt und das ihr diesen Ausschüssen übertragen habt, nicht eine sichre Garantie ihres Patriotismus wäre. Man stellt sich, als zittre man. Aber ich sage euch, wer in diesem Augenblicke zittert ist schuldig, denn nie zittert die Unschuld vor der öffentlichen Wachsamkeit.
(Allgemeiner Beifall.)
Man hat auch mich schrecken wollen, man gab mir zu verstehen, dass die Gefahr, indem sie sich Danton nähere, auch bis zu mir dringen könne.
Man schrieb mir, Dantons Freunde hielten mich umlagert in der Meinung die Erinnerung an eine alte Verbindung, der blinde Glauben an erheuchelte Tugenden könnten mich bestimmen meinen Eifer und meine Leidenschaft für die Freiheit zu mäßigen.

---

22 **Despotismus:** autoritäre Gewaltherrschaft

So erkläre ich denn, nichts soll mich aufhalten, und sollte auch Dantons Gefahr die meinige werden. Wir alle haben etwas Mut und etwas Seelengröße nötig. Nur Verbrecher und gemeine Seelen fürchten ihresgleichen an ihrer Seite fallen zu sehen, weil sie, wenn keine Schar von Mitschuldigen sie mehr versteckt, sich dem Licht der Wahrheit ausgesetzt sehen. Aber wenn es dergleichen Seelen in dieser Versammlung gibt, so gibt es in ihr auch heroische. Die Zahl der Schurken ist nicht groß. Wir haben nur wenige Köpfe zu treffen und das Vaterland ist gerettet. (Beifall.)
Ich verlange, dass Legendres Vorschlag zurückgewiesen werde.
(Die Deputierten erheben sich sämtlich zum Zeichen allgemeiner Beistimmung.)

ST. JUST. Es scheint in dieser Versammlung einige empfindliche Ohren zu geben, die das Wort Blut nicht wohl vertragen können. Einige allgemeine Betrachtungen mögen sie überzeugen, dass wir nicht grausamer sind als die Natur und als die Zeit. Die Natur folgt ruhig und unwiderstehlich ihren Gesetzen, der Mensch wird vernichtet, wo er mit ihnen in Konflikt kommt. Eine Veränderung in den Bestandteilen der Luft, ein Auflodern des tellurischen Feuers, ein Schwanken in dem Gleichgewicht einer Wassermasse und eine Seuche, ein vulkanischer Ausbruch, eine Überschwemmung begraben Tausende. Was ist das Resultat? Eine unbedeutende, im großen Ganzen kaum bemerkbare Veränderung der physischen Natur, die fast spurlos vorübergegangen sein würde, wenn nicht Leichen auf ihrem Wege lägen.
Ich frage nun: soll die moralische Natur in ihren Revolutionen mehr Rücksicht nehmen, als die physische? Soll eine Idee nicht ebenso gut wie ein Gesetz der Physik, vernichten dürfen, was sich ihr widersetzt? Soll überhaupt ein Ereignis, was die ganze Gestaltung der moralischen Natur d.h. der Menschheit umändert, nicht durch Blut gehen dürfen? Der Weltgeist bedient sich in der

---

23 f. **des tellurischen Feuers:** des Feuers im Erdinnern

geistigen Sphäre unserer Arme ebenso, wie er in der physischen Vulkane oder Wasserfluten gebraucht. Was liegt daran ob sie nun an einer Seuche oder an der Revolution sterben? –
Die Schritte der Menschheit sind langsam, man kann sie nur nach Jahrhunderten zählen, hinter jedem erheben sich die Gräber von Generationen. Das Gelangen zu den einfachsten Erfindungen und Grundsätzen hat Millionen das Leben gekostet, die auf dem Wege starben. Ist es denn nicht einfach, dass zu einer Zeit, wo der Gang der Geschichte rascher ist, auch mehr Menschen außer Atem kommen?
Wir schließen schnell und einfach: da alle unter gleichen Verhältnissen geschaffen werden, so sind alle gleich, die Unterschiede abgerechnet, welche die Natur selbst gemacht hat.
Es darf daher jeder Vorzüge und darf daher keiner Vorrechte haben, weder ein Einzelner, noch eine geringere oder größere Klasse von Individuen. Jedes Glied dieses in der Wirklichkeit angewandten Satzes hat seine Menschen getötet. Der 14. Juli, der 10. August, der 31. Mai sind seine Interpunktionszeichen. Er hatte vier Jahre Zeit nötig um in der Körperwelt durchgeführt zu werden, und unter gewöhnlichen Umständen hätte er Jahrhunderte dazu gebraucht und wäre mit Generationen interpunktiert worden. Ist es da so zu verwundern, dass der Strom der Revolution bei jedem Absatz bei jeder neuen Krümmung seine Leichen ausstößt?
Wir werden unserem Satze noch einige Schlüsse hinzuzufügen haben, sollen einige hundert Leichen uns verhindern sie zu machen?
Moses führte sein Volk durch das Rote Meer und in die Wüste bis die alte verdorbne Generation sich aufgerieben hatte, eh er den neuen Staat gründete. Gesetzgeber! Wir haben weder das Rote Meer noch die Wüste aber wir haben den Krieg und die Guillotine.
Die Revolution ist wie die Töchter des Pelias; sie zer-

---

22 **Interpunktionszeichen:** Satzzeichen; gemeint sind hier: Einschnitte | 32 **Moses ... Rote Meer:** 2. Mose 14,29–32 | 37 **Töchter des Pelias:** Diese zerstückelten ihren Vater, um ihn zu verjüngen (Sage).

stückt die Menschheit um sie zu verjüngen. Die Menschheit wird aus dem Blutkessel wie die Erde aus den Wellen der Sündflut mit urkräftigen Gliedern sich erheben, als wäre sie zum ersten Male geschaffen.
(Langer, anhaltender Beifall. Einige Mitglieder erheben sich im Enthusiasmus.)
Alle geheimen Feinde der Tyrannei, welche in Europa und auf dem ganzen Erdkreise den Dolch des Brutus unter ihren Gewändern tragen, fordern wir auf diesen erhabnen Augenblick mit uns zu teilen.
(Die Zuhörer und die Deputierten stimmen die Marseillaise an.)

---

3 **Sündflut:** richtig: Sintflut (ewige Flut); »Sündflut« wegen volkstümlicher Herleitung (Flut als Strafe für Sünden) | 6 **Enthusiasmus:** griech., Begeisterung | 8 **Dolch des Brutus:** Brutus erdolchte Caesar. | 11 **Marseillaise:** ab 1795 Nationalhymne; s. Anm. zu 49,11

Dritter Akt

Erste Szene

Das Luxemburg
Ein Saal mit Gefangnen
CHAUMETTE, PAYNE, MERCIER, HÉRAULT-SÉCHELLES
und ANDERE GEFANGNE.

CHAUMETTE *(zupft Payne am Ärmel).* Hören Sie Payne es könnte doch so sein, vorhin überkam es mich so; ich habe heute Kopfweh, helfen Sie mir ein wenig mit Ihren Schlüssen, es ist mir ganz unheimlich zu Mut.
PAYNE. So komm Philosoph Anaxagoras ich will dich katechisieren. Es gibt keinen Gott, denn: entweder hat Gott die Welt geschaffen oder nicht. Hat er sie nicht geschaffen so hat die Welt ihren Grund in sich und es gibt keinen Gott, da Gott nur dadurch Gott wird, dass er den Grund alles Seins enthält. – Nun kann aber Gott die Welt nicht geschaffen haben, denn entweder ist die Schöpfung ewig wie Gott, oder sie hat einen Anfang. Ist Letzteres der Fall so muss Gott sie zu einem bestimmten Zeitpunkt geschaffen haben, Gott muss also nachdem er eine Ewigkeit geruht einmal tätig geworden sein, muss also einmal eine Veränderung in sich erlitten haben, die den Begriff Zeit auf ihn anwenden lässt, was beides gegen das Wesen Gottes streitet. Gott kann also die Welt nicht geschaffen haben. Da wir nun aber sehr deutlich wissen, dass die Welt oder dass unser Ich wenigstens vorhanden ist und dass sie dem Vorhergehenden nach also auch ihren Grund in sich oder in etwas haben muss, das nicht Gott ist, so kann es keinen Gott geben. Quod erat demonstrandum.
CHAUMETTE. Ei wahrhaftig, das gibt mir wieder Licht, ich danke, danke.
MERCIER. Halten Sie, Payne, wenn aber die Schöpfung ewig ist?

---

3 **Das Luxemburg:** Schloss in Paris, diente während der Revolution als Gefängnis | 11 **Anaxagoras:** griech. Philosoph; Chaumettes Revolutionsname | 11 f. **katechisieren:** griech., zu Glaubensgrundsätzen befragen | 29 **Quod erat demonstrandum:** lat., was zu beweisen war

PAYNE. Dann ist sie schon keine Schöpfung mehr, dann ist sie eins mit Gott oder ein Attribut desselben, wie Spinoza sagt, dann ist Gott in allem, in Ihnen Wertester, im Philosoph Anaxagoras und in mir; das wäre so übel nicht, aber Sie müssen mir zugestehen dass es gerade nicht viel um die himmlische Majestät ist, wenn der liebe Herrgott in jedem von uns Zahnweh kriegen, den Tripper haben, lebendig begraben werden oder wenigstens die sehr unangenehmen Vorstellungen davon haben kann.

MERCIER. Aber eine Ursache muss doch da sein.

PAYNE. Wer leugnet dies; aber wer sagt Ihnen denn, dass diese Ursache das sei, was wir uns als Gott d.h. als das Vollkommne denken. Halten Sie die Welt für vollkommen?

MERCIER. Nein.

PAYNE. Wie wollen Sie denn aus einer unvollkommnen Wirkung auf eine vollkommne Ursache schließen?

Voltaire wagte es ebenso wenig mit Gott, als mit den Königen zu verderben, deswegen tat er es. Wer einmal nichts hat als Verstand und ihn nicht einmal konsequent zu gebrauchen weiß oder wagt, ist ein Stümper.

MERCIER. Ich frage dagegen kann eine vollkommne Ursache eine vollkommne Wirkung haben d.h. kann etwas Vollkommnes, was Vollkommnes schaffen? Ist das nicht unmöglich, weil das Geschaffne doch nie seinen Grund in sich haben kann, was doch wie Sie sagten zur Vollkommenheit gehört?

CHAUMETTE. Schweigen Sie! Schweigen Sie!

PAYNE. Beruhige dich Philosoph.

Sie haben Recht; aber muss denn Gott einmal schaffen, kann er nur was Unvollkommnes schaffen, so lässt er es gescheuter ganz bleiben. Ist's nicht sehr menschlich, uns Gott nur als schaffend denken zu können? Weil wir uns immer regen und schütteln müssen um uns nur immer sagen zu können: wir sind! müssen wir Gott auch dies elende Bedürfnis andichten? Müssen wir, wenn sich unser Geist in das Wesen einer harmonisch in sich ruhen-

---

2f. **Spinoza:** holländischer Philosoph; s. Anm. zu 51,2f. | 7f. **Tripper:** Geschlechtskrankheit | 18 **Voltaire:** Philosoph und Romancier der Aufklärung; s. Anm. zu 51,18 | 32 **gescheuter:** gescheiter, klüger

den, ewigen Seligkeit versenkt, gleich annehmen sie müsse die Finger ausstrecken und über Tisch Brotmännchen kneten? aus überschwänglichem Liebesbedürfnis, wie wir uns ganz geheimnisvoll in die Ohren sagen. Müssen wir das alles, bloß um uns zu Göttersöhnen zu machen? Ich nehme mit einem geringern Vater vorlieb, wenigstens werd ich ihm nicht nachsagen können, dass er mich unter seinem Stande in Schweinställen oder auf den Galeeren habe erziehen lassen.

Schafft das Unvollkommne weg, dann allein könnt ihr Gott demonstrieren, Spinoza hat es versucht. Man kann das Böse leugnen, aber nicht den Schmerz; nur der Verstand kann Gott beweisen das Gefühl empört sich dagegen. Merke dir es, Anaxagoras, warum leide ich? Das ist der Fels des Atheismus. Das leiseste Zucken des Schmerzes und rege es sich nur in einem Atom, macht einen Riss in der Schöpfung von oben bis unten.

MERCIER. Und die Moral?

PAYNE. Erst beweist ihr Gott aus der Moral und dann die Moral aus Gott. Was wollt ihr denn mit eurer Moral? Ich weiß nicht ob es an und für sich was Böses oder was Gutes gibt, und habe deswegen doch nicht nötig meine Handlungsweise zu ändern. Ich handle meiner Natur gemäß, was ihr angemessen, ist für mich gut und ich tu es und was ihr zuwider, ist für mich bös und ich tue es nicht und verteidige mich dagegen, wenn es mir in den Weg kommt. Sie können, wie man so sagt, tugendhaft bleiben und sich gegen das sogenannte Laster wehren, ohne deswegen ihren Gegner verachten zu müssen, was ein gar trauriges Gefühl ist.

CHAUMETTE. Wahr, sehr wahr!

HÉRAULT. O Philosoph Anaxagoras, man könnte aber auch sagen, damit Gott alles sei, müsse er auch sein eignes Gegenteil sein, d.h. vollkommen und unvollkommen, bös und gut, selig und leidend, das Resultat freilich würde gleich Null sein, es würde sich gegenseitig heben, wir kämen zum Nichts.

---

15 **Atheismus:** Lehre von der Nicht-Existenz Gottes | 18 **Moral:** lat., Sittlichkeit, Sittenlehre | 36 **sich gegenseitig heben:** sich aufheben, ausgleichen

Freue dich, du kömmst glücklich durch, du kannst ganz
ruhig in Madame Momoro das Meisterstück der Natur
anbeten, wenigstens hat sie dir die Rosenkränze dazu in
den Leisten gelassen.

CHAUMETTE. Ich danke Ihnen verbindlichst, meine Herren.
(Ab.)

PAYNE. Er traut noch nicht, er wird sich zu guter Letzt
noch die Ölung geben, die Füße nach Mekka zu legen,
und sich beschneiden lassen um ja keinen Weg zu ver-
fehlen.

DANTON, LACROIX, CAMILLE, PHILIPPEAU, *werden hereingeführt.*

HÉRAULT *(läuft auf Danton zu und umarmt ihn).* Guten Morgen, gute Nacht sollte ich sagen. Ich kann nicht fragen,
wie hast du geschlafen. Wie wirst du schlafen?

DANTON. Nun gut, man muss lachend zu Bett gehn.

MERCIER *(zu Payne).* Diese Dogge mit Taubenflügeln! Er ist
der böse Genius der Revolution, er wagte sich an seine
Mutter, aber sie war stärker, als er.

PAYNE. Sein Leben und sein Tod sind ein gleich großes Unglück.

LACROIX *(zu Danton).* Ich dachte nicht dass sie so schnell
kommen würden.

DANTON. Ich wusst es, man hatte mich gewarnt.

LACROIX. Und du hast nichts gesagt?

DANTON. Zu was? Ein Schlagfluss ist der beste Tod, wolltest
du zuvor krank sein? Und – ich dachte nicht, dass sie es
wagen würden.
(Zu Hérault.) Es ist besser sich in die Erde legen, als sich
Leichdörner auf ihr laufen; ich habe sie lieber zum Kis-
sen, als zum Schemel.

HÉRAULT. Wir werden wenigstens nicht mit Schwielen an
den Fingern der hübschen Dame Verwesung die Wangen
streicheln.

CAMILLE *(zu Danton).* Gib dir nur keine Mühe. Du magst
die Zunge noch so weit zum Hals heraushängen, du

---

3 **Rosenkränze:** eigentlich Gebetsschnüre; hier: geschwollene Lymph-
knoten, Folge der Syphilis | 8 f. **die Ölung ... beschneiden lassen:**
Kombination aus jüdischen, christlichen und islamischen Riten |
26 **Schlagfluss:** altes Wort für Schlaganfall | 30 **Leichdörner:** Hühner-
augen

kannst dir damit doch nicht den Todesschweiß von der Stirne lecken. O Lucile! das ist ein großer Jammer.
(Die Gefangnen drängen sich um die neu Angekommnen.)

DANTON *(zu Payne)*. Was Sie für das Wohl Ihres Landes getan, habe ich für das meinige versucht. Ich war weniger glücklich, man schickt mich aufs Schafott, meinetwegen, ich werde nicht stolpern.

MERCIER *(zu Danton)*. Das Blut der zweiundzwanzig ersäuft dich.

EIN GEFANGNER *(zu Hérault)*. Die Macht des Volkes und die Macht der Vernunft sind eins.

EIN ANDRER *(zu Camille)*. Nun Generalprokurator der Laterne, deine Verbesserung der Straßenbeleuchtung hat in Frankreich nicht heller gemacht.

EIN ANDERER. Lasst ihn! Das sind die Lippen, welche das Wort Erbarmen gesprochen.
(Er umarmt Camille, mehrere Gefangne folgen seinem Beispiel.)

PHILIPPEAU. Wir sind Priester, die mit Sterbenden gebetet haben, wir sind angesteckt worden und sterben an der nämlichen Seuche.

EINIGE STIMMEN. Der Streich, der euch trifft, tötet uns alle.

CAMILLE. Meine Herren ich beklage sehr, dass unsere Anstrengungen so fruchtlos waren, ich gehe aufs Schafott, weil mir die Augen über das Los einiger Unglücklichen nass geworden.

Zweite Szene

Ein Zimmer

FOUQUIER-TINVILLE. HERMAN.

FOUQUIER. Alles bereit?

HERMAN. Es wird schwer halten; wäre Danton nicht darunter, so ginge es leicht.

FOUQUIER. Er muss vortanzen.

---

8 **Das Blut der zweiundzwanzig:** 22 Girondisten wurden 1793 aus dem Konvent ausgeschlossen, 21 wurden im Oktober hingerichtet. |
33 **vortanzen:** wie der Vortänzer eines Gemeinschaftstanzes (z. B. Polonaise)

HERMAN. Er wird die Geschwornen erschrecken, er ist die Vogelscheuche der Revolution.
FOUQUIER. Die Geschwornen müssen wollen.
HERMAN. Ein Mittel wüsst ich, aber es wird die gesetzliche Form verletzen.
FOUQUIER. Nur zu.
HERMAN. Wir losen nicht, sondern suchen die Handfesten aus.
FOUQUIER. Das muss gehen. Das wird ein gutes Heckefeuer geben. Es sind ihrer neunzehn. Sie sind geschickt zusammengewörfelt. Die vier Fälscher, dann einige Bankiers und Fremde. Es ist ein pikantes Gericht. Das Volk braucht dergleichen. Also zuverlässige Leute! Wer z.B.?
HERMAN. Leroi, er ist taub und hört daher nichts von all dem, was die Angeklagten vorbringen, Danton mag sich den Hals bei ihm rau schreien.
FOUQUIER. Sehr gut. Weiter!
HERMAN. Vilatte und Lumière, der eine sitzt immer in der Trinkstube und der andere schläft immer, beide öffnen den Mund nur, um das Wort schuldig! zu sagen.
Girard hat den Grundsatz, es dürfe keiner entwischen, der einmal vor das Tribunal gestellt sei. Renaudin ...
FOUQUIER. Auch der? Er half einmal einigen Pfaffen durch.
HERMAN. Sei ruhig, vor einigen Tagen kommt er zu mir und verlangt man solle allen Verurteilten vor der Hinrichtung zur Ader lassen um sie ein wenig matt zu machen, ihre meist trotzige Haltung ärgere ihn.
FOUQUIER. Ach sehr gut. Also ich verlasse mich.
HERMAN. Lass mich nur machen.

---

9 **Heckefeuer:** Schüsse aus dem Hinterhalt; hier sarkastisch für die gemeinschaftliche Verurteilung mehrerer Angeklagter

Dritte Szene

Das Luxemburg
Ein Korridor
LACROIX, DANTON, MERCIER *und andere* GEFANGNE *auf und ab gehend.*

LACROIX *(zu einem Gefangnen).* Wie, so viel Unglückliche, und in einem so elenden Zustande?

DER GEFANGNE. Haben Ihnen die Guillotinenkarren nie gesagt, dass Paris eine Schlachtbank sei?

MERCIER. Nicht wahr, Lacroix? Die Gleichheit schwingt ihre Sichel über allen Häuptern, die Lava der Revolution fließt, die Guillotine republikanisiert! Da klatschen die Galerien und die Römer reiben sich die Hände, aber sie hören nicht, dass jedes dieser Worte das Röcheln eines Opfers ist. Geht einmal euren Phrasen nach, bis zu dem Punkt wo sie verkörpert werden.

Blickt um euch, das alles habt ihr gesprochen, es ist eine mimische Übersetzung eurer Worte. Diese Elenden, ihre Henker und die Guillotine sind eure lebendig gewordnen Reden. Ihr bautet eure Systeme, wie Bajazet seine Pyramiden, aus Menschenköpfen.

DANTON. Du hast Recht.

Man arbeitet heutzutag alles in Menschenfleisch. Das ist der Fluch unserer Zeit. Mein Leib wird jetzt auch verbraucht.

Es ist jetzt ein Jahr, dass ich das Revolutionstribunal schuf. Ich bitte Gott und Menschen dafür um Verzeihung, ich wollte neuen Septembermorden zuvorkommen, ich hoffte die Unschuldigen zu retten, aber dies langsame Morden mit seinen Formalitäten ist grässlicher und ebenso unvermeidlich. Meine Herren ich hoffte Sie alle diesen Ort verlassen zu machen.

MERCIER. Oh, herausgehen werden wir.

DANTON. Ich bin jetzt bei Ihnen, der Himmel weiß wie das enden soll.

---

3 **Korridor:** Flur, Laufgang | 8 **Guillotinenkarren:** Karren für den Transport zur Hinrichtung | 11 **Sichel:** geschwungenes Messer für die Getreideernte | 13 **Galerien:** die billigsten (obersten) Ränge im Theater | 15 **Phrasen:** Sätze, inhaltsleere Aussagen | 18 **mimische Übersetzung:** eine Übersetzung in körperliche Gesten

Vierte Szene

Das Revolutionstribunal

HERMAN *(zu Danton).* Ihr Name, Bürger.
DANTON. Die Revolution nennt meinen Namen. Meine Wohnung ist bald im Nichts und mein Namen im Pantheon der Geschichte.
HERMAN. Danton, der Konvent beschuldigt Sie mit Mirabeau, mit Dumouriez, mit Orléans, mit den Girondisten, den Fremden und der Faktion Ludwig des Siebzehnten konspiriert zu haben.
DANTON. Meine Stimme, die ich so oft für die Sache des Volkes ertönen ließ, wird ohne Mühe die Verleumdung zurückweisen. Die Elenden, welche mich anklagen, mögen hier erscheinen und ich werde sie mit Schande bedecken. Die Ausschüsse mögen sich hierher begeben, ich werde nur vor ihnen antworten. Ich habe sie als Kläger und als Zeugen nötig.
Sie mögen sich zeigen.
Übrigens, was liegt mir an euch und eurem Urteil. Ich hab es euch schon gesagt das Nichts wird bald mein Asyl sein – das Leben ist mir zur Last, man mag mir es entreißen, ich sehne mich danach es abzuschütteln.
HERMAN. Danton, die Kühnheit ist dem Verbrechen, die Ruhe der Unschuld eigen.
DANTON. Privatkühnheit ist ohne Zweifel zu tadeln, aber jene Nationalkühnheit, die ich so oft gezeigt, mit welcher ich so oft für die Freiheit gekämpft habe, ist die verdienstvollste aller Tugenden. Sie ist meine Kühnheit, sie ist es, der ich mich hier zum Besten der Republik gegen meine erbärmlichen Ankläger bediene. Kann ich mich fassen, wenn ich mich auf eine so niedrige Weise verleumdet sehe?
Von einem Revolutionär, wie ich darf man keine kalte Verteidigung erwarten. Männer meines Schlages sind in Revolutionen unschätzbar, auf ihrer Stirne schwebt das Genie der Freiheit.

5f. **Pantheon:** griech., ein allen Göttern geweihter Tempel; Ruhmestempel | 10 **konspiriert zu haben:** lat., sich verschworen zu haben | 20 **Asyl:** Ort der Rettung vor Verfolgung | 23 **Kühnheit:** Mut, Draufgängertum | 31f. **verleumdet:** schlechtgemacht, angeschwärzt

(Zeichen von Beifall unter den Zuhörern.)

Mich klagt man an mit Mirabeau, mit Dumouriez, mit Orléans konspiriert, zu den Füßen elender Despoten gekrochen zu haben, mich fordert man auf vor der unentrinnbaren, unbeugsamen Gerechtigkeit zu antworten.

Du elender St. Just wirst der Nachwelt für diese Lästerung verantwortlich sein!

HERMAN. Ich fordere Sie auf mit Ruhe zu antworten, gedenken Sie Marats, er trat mit Ehrfurcht vor seine Richter.

DANTON. Sie haben die Hände an mein ganzes Leben gelegt, so mag es sich denn aufrichten und ihnen entgegentreten, unter dem Gewichte jeder meiner Handlungen werde ich sie begraben.

Ich bin nicht stolz darauf. Das Schicksal führt uns die Arme, aber nur gewaltige Naturen sind seine Organe.

Ich habe auf dem Marsfelde dem Königtume den Krieg erklärt, ich habe es am 10. August geschlagen, ich habe es am 21. Januar getötet und den Königen einen Königskopf als Fehdehandschuh hingeworfen.

(Wiederholte Zeichen von Beifall.)

(Er nimmt die Anklageakte.) Wenn ich einen Blick auf diese Schandschrift werfe fühle ich mein ganzes Wesen beben. Wer sind denn die, welche Danton nötigen mussten sich an jenem denkwürdigen Tage (dem 10. August) zu zeigen? Wer sind denn die privilegierten Wesen, von denen er seine Energie borgte? Meine Ankläger mögen erscheinen! Ich bin ganz bei Sinnen, wenn ich es verlange. Ich werde die platten Schurken entlarven und sie in das Nichts zurückschleudern, aus dem sie nie hätten hervorkriechen sollen.

HERMAN *(schellt)*. Hören Sie die Klingel nicht?

DANTON. Die Stimme eines Menschen, welcher seine Ehre und sein Leben verteidigt, muss deine Schelle überschreien.

Ich habe im September die junge Brut der Revolution mit den zerstückten Leibern der Aristokraten geätzt.

---

9 **Marats:** s. Anm. zu 7,7 | 18 **10. August:** 1792, Tag des Sturms auf die Tuilerien und der Festnahme des Königs | 19 **21. Januar:** 1793, Tag der Hinrichtung des Königs | 29 **platten:** einfachen, dummen | 29 **entlarven:** bloßstellen; von: Larve (= Maske) | 37 **geätzt:** gefüttert

Meine Stimme hat aus dem Golde der Aristokraten und
Reichen dem Volke Waffen geschmiedet. Meine Stimme
war der Orkan, welcher die Satelliten des Despotismus
unter Wogen von Bajonetten begrub.
(Lauter Beifall.)
HERMAN. Danton, Ihre Stimme ist erschöpft, Sie sind zu
heftig bewegt. Sie werden das nächste Mal Ihre Verteidigung beschließen. Sie haben Ruhe nötig.
Die Sitzung ist aufgehoben.
DANTON. Jetzt kennt ihr Danton, noch wenige Stunden und
er wird in den Armen des Ruhmes entschlummern.

Fünfte Szene

Das Luxemburg
Ein Kerker
DILLON. LAFLOTTE. EIN GEFANGENWÄRTER.

DILLON. Kerl leuchte mir mit deiner Nase nicht so ins Gesicht. Hä, hä, hä!
LAFLOTTE. Halte den Mund zu, deine Mondsichel hat einen Hof. Hä, hä, hä.
WÄRTER. Hä, hä, hä. Glaubt Ihr, Herr, dass Ihr bei ihrem Schein lesen könntet? *(Zeigt auf einen Zettel, den er in der Hand hält.)*
DILLON. Gib her!
WÄRTER. Herr, meine Mondsichel hat Ebbe bei mir gemacht.
LAFLOTTE. Deine Hosen sehen aus, als ob Flut wäre.
WÄRTER. Nein, sie zieht Wasser. *(Zu Dillon.)* Sie hat sich vor Eurer Sonne verkrochen, Herr, Ihr müsst mir was geben, das sie wieder feurig macht, wenn Ihr dabei lesen wollt.
DILLON. Da Kerl! Pack dich.
(Er gibt ihm Geld. Wärter ab.)
DILLON *(liest).* Danton hat das Tribunal erschreckt, die Geschwornen schwanken, die Zuhörer murrten. Der Zu-

---

16–26 **Kerl leuchte mir mit deiner Nase … Flut wäre:** Wortspiele um das Bild der vom Alkohol rot leuchtenden Nase (Mondsichel); Ebbe (im Portemonnaie)

drang war außerordentlich. Das Volk drängte sich um den Justizpalast und stand bis zu den Brücken. Eine Hand voll Geld, ein Arm endlich, hm! hm! *(Er geht auf und ab und schenkt sich von Zeit zu Zeit aus einer Flasche ein.)* Hätt ich nur den Fuß auf der Gasse. Ich werde mich nicht so schlachten lassen. Ja, nur den Fuß auf der Gasse!

LAFLOTTE. Und auf dem Karren, das ist eins.

DILLON. Meinst du? da lägen noch ein paar Schritte dazwischen, lang genug um sie mit den Leichen der Decemvirn zu messen. – Es ist endlich Zeit, dass die rechtschaffnen Leute das Haupt erheben.

LAFLOTTE *(für sich).* Desto besser, umso leichter ist es zu treffen. Nur zu Alter, noch einige Gläser und ich werde flott.

DILLON. Die Schurken, die Narren sie werden sich zuletzt noch selbst guillotinieren. *(Er läuft auf und ab.)*

LAFLOTTE *(beiseite).* Man könnte das Leben ordentlich wieder lieb haben, wie sein Kind, wenn man sich's selbst gegeben. Das kommt gerade nicht oft vor, dass man so mit dem Zufall Blutschande treiben und sein eigner Vater werden kann. Vater und Kind zugleich. Ein behaglicher Ödipus!

DILLON. Man füttert das Volk nicht mit Leichen, Dantons und Camilles Weiber mögen Assignaten unter das Volk werfen, das ist besser als Köpfe.

LAFLOTTE. Ich würde mir hintennach die Augen nicht ausreißen, ich könnte sie nötig haben um den guten General zu beweinen.

DILLON. Die Hand an Danton! Wer ist noch sicher? Die Furcht wird sie vereinigen.

LAFLOTTE. Er ist doch verloren. Was ist's denn, wenn ich auf eine Leiche trete um aus dem Grab zu klettern?

DILLON. Nur den Fuß auf der Gasse! Ich werde Leute genug finden, alte Soldaten, Girondisten, Exadlige, wir erbrechen die Gefängnisse, wir müssen uns mit den Gefangnen verständigen.

LAFLOTTE. Nun freilich, es riecht ein wenig nach Schufterie. Was tut's? Ich hätte Lust auch das zu versuchen, ich war

---

9 **Decemvirn:** die Mitglieder des Wohlfahrtsausschusses; s. Anm. zu 3 (S. 90 f.) | 19 **Blutschande:** Inzest, Geschlechtsverkehr unter nahen Verwandten | 21 **Ödipus:** sagenhafter König von Theben, der unwissentlich seinen Vater erschlug und seine Mutter heiratete |
23 **Assignaten:** frz., Papiergeld

bisher zu einseitig. Man bekommt Gewissensbisse, das ist doch eine Abwechslung, es ist nicht so unangenehm seinen eignen Gestank zu riechen.

Die Aussicht auf die Guillotine ist mir langweilig geworden, so lang auf die Sache zu warten! Ich habe sie im Geist schon zwanzigmal durchprobiert. Es ist auch gar nichts Pikantes mehr dran, es ist ganz gemein geworden.

DILLON. Man muss Dantons Frau ein Billet zukommen lassen.

LAFLOTTE. Und dann – ich fürchte den Tod nicht, aber den Schmerz. Es könnte wehe tun, wer steht mir dafür? Man sagt zwar es sei nur ein Augenblick, aber der Schmerz hat ein feineres Zeitmaß, er zerlegt eine Tertie. Nein! Der Schmerz ist die einzige Sünde und das Leiden ist das einzige Laster, ich werde tugendhaft bleiben.

DILLON. Höre Laflotte, wo ist der Kerl hingekommen? Ich habe Geld, das muss gehen, wir müssen das Eisen schmieden, mein Plan ist fertig.

LAFLOTTE. Gleich, gleich! Ich kenne den Schließer, ich werde mit ihm sprechen. Du kannst auf mich zählen General, wir werden aus dem Loch kommen, *(für sich im Hinausgehn)* um in ein anderes zu gehen, ich in das weiteste, die Welt, er in das engste, das Grab.

Sechste Szene

Der Wohlfahrtsausschuss
ST. JUST. BARÈRE. COLLOT D'HERBOIS. BILLAUD-VARENNE.

BARÈRE. Was schreibt Fouquier?
ST. JUST. Das zweite Verhör ist vorbei. Die Gefangnen verlangen das Erscheinen mehrerer Mitglieder des Konvents und des Wohlfahrtsausschusses, sie appellierten an das Volk, wegen Verweigerung der Zeugen. Die Bewegung der Gemüter soll unbeschreiblich sein. Danton parodierte den Jupiter und schüttelte die Locken.

---

7 **Pikantes:** Geschmackvolles, Erregendes | 7 **gemein:** gewöhnlich | 8 **ein Billet:** frz., ein Schreiben, einen kleinen Brief | 13 **Tertie:** lat., der sechzigste Teil einer Sekunde | 33 **Jupiter:** der höchste römische Gott, sandte Blitz und Donner

COLLOT. Umso leichter wird ihn Samson daran packen.

BARÈRE. Wir dürfen uns nicht zeigen, die Fischweiber und die Lumpensammler, könnten uns weniger imposant finden.

BILLAUD. Das Volk hat einen Instinkt sich treten zu lassen und wäre es nur mit Blicken, dergleichen insolente Physiognomien gefallen ihm. Solche Stirnen sind ärger als ein adliges Wappen, die feine Aristokratie der Menschenverachtung sitzt auf ihnen. Es sollte sie jeder einschlagen helfen, den es verdrießt einen Blick von oben herunter zu erhalten.

BARÈRE. Er ist wie der hörnerne Siegfried, das Blut der Septembrisierten hat ihn unverwundbar gemacht.
Was sagt Robespierre?

ST. JUST. Er tut als ob er etwas zu sagen hätte.
Die Geschwornen müssen sich für hinlänglich unterrichtet erklären und die Debatten schließen.

BARÈRE. Unmöglich, das geht nicht.

ST. JUST. Sie müssen weg, um jeden Preis und sollten wir sie mit den eignen Händen erwürgen. Wagt! Danton soll uns das Wort nicht umsonst gelehrt haben. Die Revolution wird über ihre Leichen nicht stolpern, aber bleibt Danton am Leben, so wird er sie am Gewand fassen und er hat etwas in seiner Gestalt, als ob er die Freiheit notzüchtigen könnte. *(St. Just wird hinausgerufen.)*

EIN SCHLIESSER *tritt ein.*

SCHLIESSER. In St. Pelagie liegen Gefangne am Sterben, sie verlangen einen Arzt.

BILLAUD. Das ist unnötig, so viel Mühe weniger für den Scharfrichter.

SCHLIESSER. Es sind schwangere Weiber dabei.

BILLAUD. Desto besser, da brauchen ihre Kinder keinen Sarg.

BARÈRE. Die Schwindsucht eines Aristokraten spart dem Revolutionstribunal eine Sitzung. Jede Arznei wäre contrerevolutionär.

---

1 **Samson:** Vater und Sohn Sanson, während der Revolution Scharfrichter (Henker) | 6 f. **insolente Physiognomien:** lat., freche, anmaßende Gesichter | 7 **ärger:** schlimmer, böser | 12 f. **das Blut der Septembrisierten:** s. Anm. zu 12,13 | 24 f. **notzüchtigen:** vergewaltigen | 34 **Schwindsucht:** auszehrende Krankheit, z. B. Tuberkulose, Typhus

COLLOT *(nimmt ein Papier).* Eine Bittschrift, ein Weibername!

BARÈRE. Wohl eine von denen, die gezwungen sein möchten zwischen einem Guillotinenbrett und dem Bett eines Jakobiners zu wählen. Die wie Lucretia nach dem Verlust ihrer Ehre sterben, aber etwas später als die Römerin, im Kindbett, oder am Krebs oder aus Altersschwäche. Es mag nicht so unangenehm sein einen Tarquinius aus der Tugendrepublik einer Jungfrau zu treiben.

COLLOT. Sie ist zu alt. Madame verlangt den Tod, sie weiß sich auszudrücken, das Gefängnis liege auf ihr wie ein Sargdeckel. Sie sitzt erst seit vier Wochen. Die Antwort ist leicht. *(Er schreibt und liest.)* Bürgerin, es ist noch nicht lange genug, dass du den Tod wünschest.

BARÈRE. Gut gesagt. Aber Collot es ist nicht gut, dass die Guillotine zu lachen anfängt, die Leute haben sonst keine Furcht mehr davor. Man muss sich nicht so familiär machen.

(St. Just, kommt zurück.)

ST. JUST. Eben erhalte ich eine Denunziation. Man konspiriert in den Gefängnissen, ein junger Mensch namens Laflotte hat alles entdeckt. Er saß mit Dillon im nämlichen Zimmer, Dillon hat getrunken und geplaudert.

BARÈRE. Er schneidet sich mit seiner Bouteille den Hals ab, das ist schon mehr vorgekommen.

ST. JUST. Dantons und Camilles Weiber sollen Geld unter das Volk werfen, Dillon soll ausbrechen, man will die Gefangnen befreien, der Konvent soll gesprengt werden.

BARÈRE. Das sind Märchen.

ST. JUST. Wir werden sie aber mit dem Märchen in Schlaf erzählen. Die Anzeige habe ich in Händen, dazu die Keckheit der Angeklagten, das Murren des Volks, die Bestürzung der Geschwornen, ich werde einen Bericht machen.

BARÈRE. Ja, geh St. Just und spinne deine Perioden, worin jedes Komma ein Säbelhieb und jeder Punkt ein abgeschlagner Kopf ist.

---

5 **Lucretia:** s. Anm. zu 10,25 | 8 **Tarquinius:** Sextus Tarquinius, Vergewaltiger Lucretias, s. Anm. zu 10,25 | 20 **Denunziation:** lat., Anzeige einer Straftat | 20 f. **konspiriert:** plant eine Verschwörung | 24 **Bouteille:** frz., Flasche | 32 **Keckheit:** Frechheit | 35 **Perioden:** langen Sätze

ST. JUST. Der Konvent muss dekretieren, das Tribunal solle ohne Unterbrechung den Prozess fortführen und dürfe jeden Angeklagten, welcher die dem Gerichte schuldige Achtung verletzte oder störende Auftritte veranlasste von den Debatten ausschließen.

BARÈRE. Du hast einen revolutionären Instinkt, das lautet ganz gemäßigt und wird doch seine Wirkung tun. Sie können nicht schweigen, Danton muss schreien.

ST. JUST. Ich zähle auf eure Unterstützung. Es gibt Leute im Konvent, die ebenso krank sind wie Danton und welche die nämliche Kur fürchten. Sie haben wieder Mut bekommen, sie werden über Verletzung der Formen schreien …

BARÈRE (ihn unterbrechend). Ich werde ihnen sagen: zu Rom wurde der Consul, welcher die Verschwörung des Catilina entdeckte und die Verbrecher auf der Stelle mit dem Tod bestrafte, der verletzten Förmlichkeit angeklagt. Wer waren seine Ankläger?

COLLOT (mit Pathos). Geh St. Just. Die Lava der Revolution fließt. Die Freiheit wird die Schwächlinge, welche ihren mächtigen Schoß befruchten wollten, in ihren Umarmungen ersticken, die Majestät des Volks wird ihnen wie Jupiter der Semele unter Donner und Blitz erscheinen und sie in Asche verwandeln. Geh St. Just wir werden dir helfen den Donnerkeil auf die Häupter der Feiglinge zu schleudern.

(St. Just ab.)

BARÈRE. Hast du das Wort Kur gehört? Sie werden noch aus der Guillotine ein Spezifikum gegen die Lustseuche machen. Sie kämpfen nicht mit den Moderierten, sie kämpfen mit dem Laster.

BILLAUD. Bis jetzt geht unser Weg zusammen.

BARÈRE. Robespierre will aus der Revolution einen Hörsaal für Moral machen und die Guillotine als Katheder gebrauchen.

BILLAUD. Oder als Betschemel.

COLLOT. Auf dem er aber alsdann nicht stehen, sondern liegen soll.

---

1 **dekretieren**: ein Dekret (eine Verfügung, Anordnung) erlassen | 6 **Instinkt**: angeborene Fähigkeit | 11 **nämliche**: gleiche | 14 **Consul**: oberster Beamter der römischen Republik | 27 **Kur**: Heilmittel | 28 **Spezifikum**: hier: Medizin | 28 **Lustseuche**: Geschlechtskrankheit, Syphilis | 29 **Moderierten**: Gemäßigten | 33 **Katheder**: Pult, Vortragstisch

BARÈRE. Das wird leicht gehen. Die Welt müsste auf dem Kopf stehen, wenn die sogenannten Spitzbuben von den sogenannten rechtlichen Leuten gehängt werden sollten.
COLLOT *(zu Barère)*. Wann kommst du wieder nach Clichy?
BARÈRE. Wenn der Arzt nicht mehr zu mir kommt.
COLLOT. Nicht wahr, über dem Ort steht ein Haarstern, unter dessen versengenden Strahlen dein Rückenmark ganz ausgedörrt wird.
BILLAUD. Nächstens werden die niedlichen Finger der reizenden Demahy es ihm aus dem Futterale ziehen und es als Zöpfchen über den Rücken hinunter hängen machen.
BARÈRE *(zuckt die Achseln)*. Pst! Davon darf der Tugendhafte nichts wissen.
BILLAUD. Er ist ein impotenter Mahomet.
(Billaud und Collot ab.)
BARÈRE *(allein)*. Die Ungeheuer! Es ist noch nicht lange genug, dass du den Tod wünschest! Diese Worte hätten die Zunge müssen verdorren machen, die sie gesprochen.
Und ich?
Als die Septembriseurs in die Gefängnisse drangen, fasst ein Gefangner sein Messer, er drängt sich unter die Mörder, er stößt es in die Brust eines Priesters, er ist gerettet!
Wer kann was dawider haben?
Ob ich mich nun unter die Mörder dränge, oder mich in den Wohlfahrtsausschuss setze, ob ich ein Guillotinen- oder ein Taschenmesser nehme? Es ist der nämliche Fall, nur mit etwas verwickelteren Umständen, die Grundverhältnisse sind sich gleich.
Und durft er einen morden, durfte er auch zwei, auch drei, auch noch mehr? wo hört das auf? Da kommen die Gerstenkörner machen zwei einen Haufen, drei, vier, wie viel dann? Komm mein Gewissen, komm mein Hühnchen, komm bi, bi, bi, da ist Futter.
Doch – war ich auch Gefangner? Verdächtig war ich, das läuft auf eins hinaus, der Tod war mir gewiss. *(Ab.)*

---

6 **Haarstern:** Komet | 14 **Mahomet:** Mohammed, Begründer der islamischen Religion | 20 **Septembriseurs:** Täter der Septembermorde; s. Anm. zu 12,13

Siebente Szene

Die Conciergerie

LACROIX. DANTON. PHILIPPEAU. CAMILLE.

LACROIX. Du hast gut geschrien, Danton, hättest du dich etwas früher so um dein Leben gequält, es wäre jetzt anders. Nicht wahr, wenn der Tod einem so unverschämt nahe kommt und so aus dem Hals stinkt und immer zudringlicher wird?

CAMILLE. Wenn er einem noch notzüchtigte und seinen Raub unter Ringen und Kampf aus den heißen Gliedern riss! aber so in allen Formalitäten, wie bei der Hochzeit mit einem alten Weibe, wie die Pakten aufgesetzt, wie die Zeugen gerufen, wie das Amen gesagt und wie dann die Bettdecke gehoben wird und es langsam hereinkriecht mit seinen kalten Gliedern!

DANTON. Wär es ein Kampf, dass die Arme und Zähne einander packten! aber es ist mir, als wäre ich in ein Mühlwerk gefallen und die Glieder würden mir langsam systematisch von der kalten physischen Gewalt abgedreht: So mechanisch getötet zu werden!

CAMILLE. Da liegen allein, kalt, steif in dem feuchten Dunst der Fäulnis, vielleicht, dass einem der Tod das Leben langsam aus den Fibern martert, mit Bewusstsein vielleicht sich wegzufaulen!

PHILIPPEAU. Seid ruhig, meine Freunde. Wir sind wie die Herbstzeitlose, welche erst nach dem Winter Samen trägt. Von Blumen, die versetzt werden, unterscheiden wir uns nur dadurch, dass wir über dem Versuch ein wenig stinken. Ist das so arg?

DANTON. Eine erbauliche Aussicht! Von einem Misthaufen auf den andern! Nicht wahr, die göttliche Klassentheorie? Von Prima nach Secunda, von Secunda nach Tertia und so weiter? Ich habe die Schulbänke satt, ich habe mir Gesäßschwielen wie ein Affe darauf gesessen.

PHILIPPEAU. Was willst du denn?

---

2 **Conciergerie:** Untersuchungsgefängnis im Justizpalast | 9 **einem:** einen | 9 **notzüchtigte:** vergewaltigte | 12 **Pakten:** Verträge; alter Plural von »Pakt« | 26 **Herbstzeitlose:** Liliengewächs mit Knolle, das die Frucht im Frühjahr treibt

DANTON. Ruhe.
PHILIPPEAU. Die ist in Gott.
DANTON. Im Nichts. Versenke dich in was Ruhigers, als das Nichts und wenn die höchste Ruhe Gott ist, ist nicht das Nichts Gott? Aber ich bin ein Atheist. Der verfluchte Satz: etwas kann nicht zu nichts werden! und ich bin etwas, das ist der Jammer!
Die Schöpfung hat sich so breit gemacht, da ist nichts leer, alles voll Gewimmels.
Das Nichts hat sich ermordet, die Schöpfung ist seine Wunde, wir sind seine Blutstropfen, die Welt ist das Grab worin es fault.
Das lautet verrückt, es ist aber doch was Wahres daran.
CAMILLE. Die Welt ist der Ewige Jude, das Nichts ist der Tod, aber er ist unmöglich. Oh nicht sterben können, nicht sterben können, wie es im Lied heißt.
DANTON. Wir sind alle lebendig begraben und wie Könige in drei- oder vierfachen Särgen beigesetzt, unter dem Himmel, in unsern Häusern, in unsern Röcken und Hemden.
Wir kratzen fünfzig Jahre lang am Sargdeckel.
Ja wer an Vernichtung glauben könnte! dem wäre geholfen.
Da ist keine Hoffnung im Tod, er ist nur eine einfachere, das Leben eine verwickeltere, organisiertere Fäulnis, das ist der ganze Unterschied!
Aber ich bin gerad einmal an diese Art des Faulens gewöhnt, der Teufel weiß wie ich mit einer andern zurechtkomme.
O Julie! Wenn ich allein ginge! Wenn sie mich einsam ließe!
Und wenn ich ganz zerfiele, mich ganz auflöste – ich wäre eine Handvoll gemarterten Staubes, jedes meiner Atome könnte nur Ruhe finden bei ihr.
Ich kann nicht sterben, nein, ich kann nicht sterben. Wir müssen schreien, sie müssen mir jeden Lebenstropfen aus den Gliedern reißen.

---

14 der Ewige Jude: sagenhafter jüdischer Schuster namens Ahasver, der Jesus auf dem Weg zur Kreuzigung nicht ausruhen ließ und zu ewiger Wanderschaft verdammt wurde | **16 Lied:** Schubarts Gedicht *Der ewige Jude. Eine lyrische Rhapsodie* (1783)

Achte Szene

Ein Zimmer
FOUQUIER. AMAR. VOULAND.

FOUQUIER. Ich weiß nicht mehr, was ich antworten soll, sie fordern eine Kommission.
AMAR. Wir haben die Schurken, da hast du was du verlangst. *(Er überreicht Fouquier ein Papier.)*
VOULAND. Das wird Sie zufrieden stellen.
FOUQUIER. Wahrhaftig, das hatten wir nötig.
AMAR. Nun mache, dass wir und sie die Sache vom Hals bekommen.

Neunte Szene

Das Revolutionstribunal

DANTON. Die Republik ist in Gefahr und er hat keine Instruktion! Wir appellieren an das Volk, meine Stimme ist noch stark genug um den Decemvirn die Leichenrede zu halten.
Ich wiederhole es, wir verlangen eine Kommission, wir haben wichtige Entdeckungen zu machen. Ich werde mich in die Zitadelle der Vernunft zurückziehen, ich werde mit der Kanone der Wahrheit hervorbrechen und meine Feinde zermalmen.
(Zeichen des Beifalls.)

FOUQUIER, AMAR, VOULAND, *treten ein*.

FOUQUIER. Ruhe im Namen der Republik, Achtung dem Gesetz. Der Konvent beschließt:
In Betracht dass in den Gefängnissen sich Spuren von Meutereien zeigen, in Betracht dass Dantons und Camilles Weiber Geld unter das Volk werfen und dass der General Dillon ausbrechen und sich an die Spitze der Empörer stellen soll um die Angeklagten zu befreien, in

---

5 **Kommission:** Untersuchungsausschuss | 14 f. **hat keine Instruktion:** lat., Anweisung; Bezug auf Unsicherheit von Fouquier in der vorherigen Szene | 20 **Zitadelle:** kleine Festung

Betracht endlich, dass diese selbst unruhige Auftritte herbeizuführen sich bemüht und das Tribunal zu beleidigen versucht haben, wird das Tribunal ermächtigt die Untersuchung ohne Unterbrechung fortzusetzen und jeden Angeklagten, der die dem Gesetze schuldige Ehrfurcht außer Augen setzen sollte, von den Debatten auszuschließen.

DANTON. Ich frage die Anwesenden, ob wir dem Tribunal, dem Volke oder dem Nationalkonvent Hohn gesprochen haben?

VIELE STIMMEN. Nein! Nein!

CAMILLE. Die Elenden, sie wollen meine Lucile morden!

DANTON. Eines Tages wird man die Wahrheit erkennen. Ich sehe großes Unglück über Frankreich hereinbrechen. Das ist die Diktatur, sie hat ihren Schleier zerrissen, sie trägt die Stirne hoch, sie schreitet über unsere Leichen. *(Auf Amar und Vouland deutend.)* Seht da die feigen Mörder, seht da die Raben des Wohlfahrtsausschusses! Ich klage Robespierre, St. Just und ihre Henker des Hochverrats an.

Sie wollen die Republik im Blut ersticken. Die Gleisen der Guillotinenkarren sind die Heerstraßen, auf welchen die Fremden in das Herz des Vaterlandes dringen sollen.

Wie lange sollen die Fußstapfen der Freiheit Gräber sein?

Ihr wollt Brot und sie werfen euch Köpfe hin. Ihr durstet und sie machen euch das Blut von den Stufen der Guillotine lecken.

(Heftige Bewegung unter den Zuhörern, Geschrei des Beifalls.)

VIELE STIMMEN. Es lebe Danton, nieder mit den Decemvirn!

(Die Gefangnen werden mit Gewalt hinausgeführt.)

---

2 **Tribunal:** Revolutionstribunal, s. Anm. zu 3 (S. 94) | 18 **Raben:** Aasfresser, die ähnlich wie Geier auch Tote fressen, u. a. am Galgen | 21 f. **Gleisen:** Bahnen, Spuren | 32 f. **Decemvirn:** Mitglieder des Wohlfahrtsausschusses

Zehnte Szene

Platz vor dem Justizpalast
EIN VOLKSHAUFE.

EINIGE STIMMEN. Nieder mit den Decemvirn! es lebe Danton!
ERSTER BÜRGER. Ja das ist wahr, Köpfe statt Brot, Blut statt Wein.
EINIGE WEIBER. Die Guillotine ist eine schlechte Mühle und Samson ein schlechter Bäckerknecht, wir wollen Brot, Brot!
ZWEITER BÜRGER. Euer Brot, das hat Danton gefressen, sein Kopf wird euch allen wieder Brot geben, er hatte Recht.
ERSTER BÜRGER. Danton war unter uns am 10. August, Danton war unter uns im September. Wo waren die Leute, welche ihn angeklagt haben?
ZWEITER BÜRGER. Und Lafayette war mit euch in Versailles und war doch ein Verräter.
ERSTER BÜRGER. Wer sagt, dass Danton ein Verräter sei?
ZWEITER BÜRGER. Robespierre.
ERSTER BÜRGER. Und Robespierre ist ein Verräter.
ZWEITER BÜRGER. Wer sagt das?
ERSTER BÜRGER. Danton.
ZWEITER BÜRGER. Danton hat schöne Kleider, Danton hat ein schönes Haus, Danton hat eine schöne Frau, er badet sich in Burgunder, isst das Wildpret von silbernen Tellern und schläft bei euern Weibern und Töchtern, wenn er betrunken ist.
Danton war arm, wie ihr. Woher hat er das alles?
Das Veto hat es ihm gekauft, damit er ihm die Krone rette.
Der Herzog von Orléans hat es ihm geschenkt, damit er ihm die Krone stehle.
Der Fremde hat es ihm gegeben, damit er euch alle verrate. Was hat Robespierre? der tugendhafte Robespierre. Ihr kennt ihn alle.
ALLE. Es lebe Robespierre! Nieder mit Danton! Nieder mit dem Verräter!

---

8 **Samson:** Sanson, der Henker; s. Fußn. zu 62,1 | 12f. **10. August … September:** s. Anm. zu 12,13 | 15 **in Versailles:** im Königsschloss | 24 **Burgunder:** Rotwein | 24 **Wildpret:** das teure Fleisch von Wildtieren (Hirsch, Reh, Wildschwein) | 28 **Veto:** der König

Vierter Akt

Erste Szene

Eine Straße
DUMAS. EIN BÜRGER.

BÜRGER. Wie kann man nach einem solchen Verhör so viel Unschuldige zum Tod verurteilen?
DUMAS. Das ist in der Tat außerordentlich, aber die Revolutionsmänner haben einen Sinn, der andern Menschen fehlt, und dieser Sinn trügt sie nie.
BÜRGER. Das ist der Sinn des Tigers. – Du hast ein Weib.
DUMAS. Ich werde bald eins gehabt haben.
BÜRGER. So ist es denn wahr!
DUMAS. Das Revolutionstribunal wird unsere Ehescheidung aussprechen, die Guillotine wird uns von Tisch und Bett trennen.
BÜRGER. Du bist ein Ungeheuer!
DUMAS. Schwachkopf! du bewunderst Brutus?
BÜRGER. Von ganzer Seele.
DUMAS. Muss man denn gerade römischer Consul sein und sein Haupt mit der Toga verhüllen können um sein Liebstes dem Vaterlande zu opfern? Ich werde mir die Augen mit dem Ärmel meines roten Fracks abwischen, das ist der ganze Unterschied.
BÜRGER. Das ist entsetzlich.
DUMAS. Geh, du begreifst mich nicht.
(Sie gehen ab.)

Zweite Szene

JULIE. EIN KNABE.

JULIE. Es ist aus. Sie zitterten vor ihm. Sie töten ihn aus Furcht. Geh! ich habe ihn zum letzten Mal gesehen, sag ihm ich könne ihn nicht so sehen. *(Sie gibt ihm eine Locke.)*

---

17 **Brutus:** nicht der Verschwörer gegen Caesar, s. Anm. zu 23,8 |
19 **Consul:** oberster Beamter der römischen Republik | 20 **Toga:** Gewand römischer Bürger

Da, bring ihm das und sag ihm er würde nicht allein gehn. Er versteht mich schon und dann schnell zurück, ich will seine Blicke aus deinen Augen lesen.

Dritte Szene

Die Conciergerie
LACROIX, HÉRAULT *(auf einem Bett)*. DANTON, CAMILLE *(auf einem andern)*.

LACROIX. Die Haare wachsen einem so und die Nägel man muss sich wirklich schämen.
HÉRAULT. Nehmen Sie sich ein wenig in Acht, Sie niesen mir das ganze Gesicht voll Sand.
LACROIX. Und treten Sie mir nicht so auf die Füße, Bester, ich habe Hühneraugen.
HÉRAULT. Sie leiden noch an Ungeziefer.
LACROIX. Ach, wenn ich nur einmal die Würmer ganz los wäre.
HÉRAULT. Nun, schlafen Sie wohl, wir müssen sehen wie wir miteinander zurechtkommen, wir haben wenig Raum. Kratzen Sie mich nicht mit Ihren Nägeln im Schlaf. So! Zerren Sie nicht so am Leichtuch, es ist kalt da unten.
DANTON. Ja Camille, morgen sind wir durchgelaufne Schuhe, die man der Bettlerin Erde in den Schoß wirft.
CAMILLE. Das Rindsleder, woraus nach Platon die Engel sich Pantoffeln geschnitten und damit auf der Erde herumtappen. Es geht aber auch danach. Meine Lucile!
DANTON. Sei ruhig, mein Junge –
CAMILLE. Kann ich's? Glaubst du Danton? Kann ich's? Sie können die Hände nicht an sie legen. Das Licht der Schönheit, das von ihrem süßen Leib sich ausgießt ist unlöschbar. Unmöglich! Sieh die Erde würde nicht wagen sie zu verschütten, sie würde sich um sie wölben, der Grabdunst würde wie Tau an ihren Wimpern funkeln, Kristalle würden wie Blumen um ihre Glieder sprießen und helle Quellen in Schlaf sie murmeln.

---

23 **Platon … Engel:** Vorstellung, dass Engel und Dämonen als Wesen zwischen Menschen und Göttern existieren

DANTON. Schlafe, mein Junge, schlafe.

CAMILLE. Höre Danton, unter uns gesagt, es ist so elend sterben müssen. Es hilft auch zu nichts. Ich will dem Leben noch die letzten Blicke aus seinen hübschen Augen stehlen, ich will die Augen offen haben.

DANTON. Du wirst sie ohnehin offen behalten, Samson drückt einem die Augen nicht zu. Der Schlaf ist barmherziger. Schlafe, mein Junge, schlafe.

CAMILLE. Lucile, deine Küsse phantasieren auf meinen Lippen, jeder Kuss wird ein Traum, meine Augen sinken und schließen ihn fest ein.

DANTON. Will denn die Uhr nicht ruhen? Mit jedem Picken schiebt sie die Wände enger um mich, bis sie so eng sind wie ein Sarg.

Ich las einmal als Kind so 'ne Geschichte, die Haare standen mir zu Berg.

Ja als Kind! Das war der Mühe wert mich so groß zu füttern und mich warm zu halten. Bloß Arbeit für den Totengräber!

Es ist mir, als röch ich schon. Mein lieber Leib, ich will mir die Nase zuhalten und mir einbilden du seist ein Frauenzimmer, was vom Tanzen schwitzt und stinkt und dir Artigkeiten sagen. Wir haben uns sonst schon mehr miteinander die Zeit vertrieben.

Morgen bist du eine zerbrochne Fiedel, die Melodie darauf ist ausgespielt. Morgen bist du eine leere Bouteille, der Wein ist ausgetrunken, aber ich habe keinen Rausch davon und gehe nüchtern zu Bett. Das sind glückliche Leute, die sich noch besaufen können. Morgen bist du eine durchgerutschte Hose, du wirst in die Garderobe geworfen und die Motten werden dich fressen, du magst stinken wie du willst.

Ach das hilft nichts. Ja wohl ist's so elend sterben müssen. Der Tod äfft die Geburt, beim Sterben sind wir so hülflos und nackt, wie neugeborne Kinder.

Freilich, wir bekommen das Leichentuch zur Windel. Was wird es helfen? Wir können im Grab so gut wimmern, wie in der Wiege.

---

6 **Samson:** Sanson, der Henker; s. Fußn. zu 62,1 | 24 **Fiedel:** Geige | 25 **Bouteille:** frz., Flasche

74

4. Akt
3./4. Szene

CAMILLE! er schläft, *(indem er sich über ihn bückt)* ein Traum spielt zwischen seinen Wimpern. Ich will den goldnen Tau des Schlafes ihm nicht von den Augen streifen. *(Er erhebt sich und tritt ans Fenster.)* Ich werde nicht allein gehn, ich danke dir Julie. Doch hätte ich anders sterben mögen, so ganz mühelos, so wie ein Stern fällt, wie ein Ton sich selbst aushaucht, sich mit den eignen Lippen totküsst, wie ein Lichtstrahl in klaren Fluten sich begräbt. –
Wie schimmernde Tränen sind die Sterne durch die Nacht gesprengt, es muss ein großer Jammer in dem Aug sein, von dem sie abträufelten.

CAMILLE. Oh! *(Er hat sich aufgerichtet und tastet nach der Decke.)*

DANTON. Was hast du Camille?

CAMILLE. Oh, oh!

DANTON *(schüttelt ihn)*. Willst du die Decke herunterkratzen.

CAMILLE. Ach du, du, o halt mich, sprich, du!

DANTON. Du bebst an allen Gliedern, der Schweiß steht dir auf der Stirne.

CAMILLE. Das bist du, das ich, so! Das ist meine Hand! ja jetzt besinn ich mich. O Danton, das war entsetzlich.

DANTON. Was denn?

CAMILLE. Ich lag so zwischen Traum und Wachen. Da schwand die Decke und der Mond sank herein, ganz nahe, ganz dicht, mein Arm erfasst' ihn. Die Himmelsdecke mit ihren Lichtern hatte sich gesenkt, ich stieß daran, ich betastete die Sterne, ich taumelte wie ein Ertrinkender unter der Eisdecke. Das war entsetzlich Danton.

DANTON. Die Lampe wirft einen runden Schein an die Decke, das sahst du.

CAMILLE. Meinetwegen, es braucht grade nicht viel um einem das bisschen Verstand verlieren zu machen. Der Wahnsinn fasste mich bei den Haaren. *(Er erhebt sich.)* Ich mag nicht mehr schlafen, ich mag nicht verrückt werden. *(Er greift nach einem Buch.)*

DANTON. Was nimmst du?
CAMILLE. Die Nachtgedanken.
DANTON. Willst du zum Voraus sterben? Ich nehme die Pucelle. Ich will mich aus dem Leben nicht wie aus dem Betstuhl, sondern wie aus dem Bett einer barmherzigen Schwester wegschleichen. Es ist eine Hure, es treibt mit der ganzen Welt Unzucht.

Vierte Szene

Platz vor der Conciergerie

EIN SCHLIESSER. ZWEI FUHRLEUTE *mit Karren.* WEIBER.

SCHLIESSER. Wer hat euch herfahren geheißen.
ERSTER FUHRMANN. Ich heiße nicht Herfahren, das ist ein kurioser Namen.
SCHLIESSER. Dummkopf, wer hat dir die Bestallung dazu gegeben?
ERSTER FUHRMANN. Ich habe keine Stallung dazu kriegt, nichts als zehn Sous für den Kopf.
ZWEITER FUHRMANN. Der Schuft will mich ums Brot bringen.
ERSTER FUHRMANN. Was nennst du dein Brot. *(Auf die Fenster der Gefangnen deutend.)* Das ist Wurmfraß.
ZWEITER FUHRMANN. Meine Kinder sind auch Würmer und die wollen auch ihr Teil davon. Oh, es geht schlecht mit unsrem Metier und doch sind wir die besten Fuhrleute.
ERSTER FUHRMANN. Wie das?
ZWEITER FUHRMANN. Wer ist der beste Fuhrmann?
ERSTER FUHRMANN. Der am weitesten und am schnellsten fährt.
ZWEITER FUHRMANN. Nun Esel, wer fährt weiter, als der aus der Welt fährt und wer fährt schneller, als der's in einer Viertelstunde tut? Genau gemessen ist's eine Viertelstund von da bis zum Revolutionsplatz.
SCHLIESSER. Rasch, ihr Schlingel! Näher ans Tor, Platz da ihr Mädel.

---

3 f. **die Pucelle:** derb-komisches Epos von Voltaire über Jeanne d'Arc | 14 **die Bestallung:** den Auftrag | 17 **zehn Sous:** Ein Sou war eine kleine französische Münze.

ERSTER FUHRMANN. Halt euren Platz vor, um ein Mädel fährt man nit herum, immer in die Mitt 'nein.
ZWEITER FUHRMANN. Ja das glaub ich, du kannst mit Karren und Gäulen hinein, du findst gute Gleise, aber du musst Quarantän halten, wenn du herauskommst.
(Sie fahren vor.)
ZWEITER FUHRMANN *(zu den Weibern).* Was gafft ihr?
EIN WEIB. Wir warten auf alte Kunden.
ZWEITER FUHRMANN. Meint ihr mein Karren wär ein Bordell? Er ist ein anständiger Karren, er hat den König und alle vornehmen Herren aus Paris zur Tafel gefahren.

LUCILE *tritt auf. Sie setzt sich auf einen Stein unter die Fenster der Gefangnen.*

LUCILE. Camille, Camille!
(Camille erscheint am Fenster.)
Höre Camille, du machst mich lachen mit dem langen Steinrock und der eisernen Maske vor dem Gesicht, kannst du dich nicht bücken? Wo sind deine Arme?
Ich will dich locken, lieber Vogel.
(Singt.) Es stehn zwei Sternlein an dem Himmel
Scheinen heller als der Mond,
Der ein scheint vor Feinsliebchens Fenster
Der andre vor die Kammertür.
Komm, komm, mein Freund! Leise die Treppe herauf, sie schlafen alle. Der Mond hilft mir schon lange warten. Aber du kannst ja nicht zum Tor herein, das ist eine unleidliche Tracht. Das ist zu arg für den Spaß, mach ein Ende. Du rührst dich auch gar nicht, warum sprichst du nicht? Du machst mir Angst.
Höre! die Leute sagen du müsstest sterben und machen dazu so ernsthafte Gesichter. Sterben! ich muss lachen über die Gesichter. Sterben! Was ist das für ein Wort? Sag mir's Camille. Sterben! Ich will nachdenken. Da, da ist's. Ich will ihm nachlaufen, komm, süßer Freund, hilf mir fangen, komm! komm! *(Sie läuft weg.)*
CAMILLE *(ruft).* Lucile! Lucile!

---

5 **Quarantän halten:** Gesundheitsprobe bestehen; Anspielung auf Geschlechtskrankheiten

Fünfte Szene

Die Conciergerie
DANTON *(an einem Fenster, was in das nächste Zimmer geht).*
CAMILLE. PHILIPPEAU. LACROIX. HÉRAULT.

DANTON. Du bist jetzt ruhig, Fabre.
EINE STIMME *(von innen).* Am Sterben.
DANTON. Weißt du auch, was wir jetzt machen werden?
DIE STIMME. Nun?
DANTON. Was du dein ganzes Leben hindurch gemacht hast – des vers.
CAMILLE *(für sich).* Der Wahnsinn saß hinter ihren Augen. Es sind schon mehr Leute wahnsinnig geworden, das ist der Lauf der Welt. Was können wir dazu? Wir waschen unsere Hände. Es ist auch besser so.
DANTON. Ich lasse alles in einer schrecklichen Verwirrung. Keiner versteht das Regieren. Es könnte vielleicht noch gehn, wenn ich Robespierre meine Huren und Couthon meine Waden hinterließe.
LACROIX. Wir hätten die Freiheit zur Hure gemacht!
DANTON. Was wäre es auch! Die Freiheit und eine Hure sind die kosmopolitischsten Dinge unter der Sonne. Sie wird sich jetzt anständig im Ehebett des Advokaten von Arras prostituieren. Aber ich denke sie wird die Klytämnestra gegen ihn spielen, ich lasse ihm keine sechs Monate Frist, ich ziehe ihn mit mir.
CAMILLE *(für sich).* Der Himmel verhelf ihr zu einer behaglichen fixen Idee. Die allgemeinen fixen Ideen, welche man die gesunde Vernunft tauft, sind unerträglich langweilig. Der glücklichste Mensch war der, welcher sich einbilden konnte, dass er Gott Vater, Sohn und Heiliger Geist sei.
LACROIX. Die Esel werden schreien, es lebe die Republik, wenn wir vorbeigehen.
DANTON. Was liegt daran? Die Sündflut der Revolution mag unsere Leichen absetzen wo sie will, mit unsern fossilen

---

21 **kosmopolitischsten:** weltbürgerlichsten | 22 f. **des Advokaten von Arras:** Robespierres | 23 f. **Klytämnestra:** Diese ließ ihren Gatten Agamemnon erschlagen, nachdem er aus dem Krieg in Troja zurückgekehrt war. | 34 **Sündflut:** Sintflut, s. Fußn. zu 49,3

78
4. Akt
5. Szene

Knochen wird man noch immer allen Königen die Schädel einschlagen können.

HÉRAULT. Ja, wenn sich gerade ein Simson für unsern Kinnbacken findet.

DANTON. Sie sind Kainsbrüder.

LACROIX. Nichts beweist mehr, dass Robespierre ein Nero ist, als der Umstand, dass er gegen Camille nie freundlicher war, als zwei Tage vor dessen Verhaftung. Ist es nicht so Camille?

CAMILLE. Meinetwegen, was geht das mich an? Was sie aus dem Wahnsinn ein reizendes Ding gemacht hat. Warum muss ich jetzt fort? Wir hätten zusammen mit ihm gelacht, es gewiegt und geküsst.

DANTON. Wenn einmal die Geschichte ihre Grüfte öffnet kann der Despotismus noch immer an dem Duft unsrer Leichen ersticken.

HÉRAULT. Wir stanken bei Lebzeiten schon hinlänglich.

Das sind Phrasen für die Nachwelt nicht wahr Danton, uns gehn sie eigentlich nichts an.

CAMILLE. Er zieht ein Gesicht, als solle es versteinern und von der Nachwelt als Antike ausgegraben werden.

Das verlohnt sich auch der Mühe Mäulchen zu machen und Rot aufzulegen und mit einem guten Akzent zu sprechen; wir sollten einmal die Masken abnehmen, wir sähen dann wie in einem Zimmer mit Spiegeln überall nur den einen uralten, zahllosen, unverwüstlichen Schafskopf, nichts mehr, nichts weniger. Die Unterschiede sind so groß nicht, wir alle sind Schurken und Engel, Dummköpfe und Genies und zwar das alles in einem, die vier Dinge finden Platz genug in dem nämlichen Körper, sie sind nicht so breit, als man sich einbildet.

Schlafen, verdaun, Kinder machen das treiben alle, die übrigen Dinge sind nur Variationen aus verschiedenen Tonarten über das nämliche Thema. Da braucht man sich auf die Zehen zu stellen und Gesichter zu schneiden, da braucht man sich voreinander zu genieren. Wir haben uns alle am nämlichen Tische krank gegessen und haben

---

3 **Simson:** Simson erschlug seine Feinde mit einem Eselskinnbacken (AT: Richter 15,15); Anspielung auch auf den Henker Sanson, s. Fußn. zu 62,1 | 5 **Kainsbrüder:** Kain erschlug seinen Bruder Abel (AT: 1. Mose 4,1–24) | 7 **Nero:** römischer Kaiser, der für seine Grausamkeit berüchtigt war | 23 **Rot aufzulegen:** sich zu schminken

Leibgrimmen, was haltet ihr euch die Servietten vor das Gesicht, schreit nur und greint wie es euch ankommt.

Schneidet nur keine so tugendhafte und so witzige und so heroische und so geniale Grimassen, wir kennen uns ja einander, spart euch die Mühe.

HÉRAULT. Ja Camille, wir wollen uns beieinander setzen und schreien, nichts dummer als die Lippen zusammenzupressen, wenn einem was weh tut.

Griechen und Götter schrieen, Römer und Stoiker machten die heroische Fratze.

DANTON. Die einen waren so gut Epikureer wie die andern. Sie machten sich ein ganz behagliches Selbstgefühl zurecht. Es ist nicht so übel seine Toga zu drapieren und sich umzusehen ob man einen langen Schatten wirft. Was sollen wir uns zerren? Ob wir uns nun Lorbeerblätter, Rosenkränze oder Weinlaub vor die Scham binden, oder das hässliche Ding offen tragen und es uns von den Hunden lecken lassen?

PHILIPPEAU. Meine Freunde man braucht gerade nicht hoch über der Erde zu stehen um von all dem wirren Schwanken und Flimmern nichts mehr zu sehen und die Augen von einigen großen, göttlichen Linien erfüllt zu haben. Es gibt ein Ohr, für welches, das Ineinanderschreien und der Zeter, die uns betäuben, ein Strom von Harmonien sind.

DANTON. Aber wir sind die armen Musikanten und unsere Körper die Instrumente. Sind die hässlichen Töne, welche auf ihnen herausgepfuscht werden nur da um höher und höher dringend und endlich leise verhallend wie ein wollüstiger Hauch in himmlischen Ohren zu sterben?

HÉRAULT. Sind wir wie Ferkel, die man für fürstliche Tafeln mit Ruten totpeitscht, damit ihr Fleisch schmackhafter werde?

DANTON. Sind wir Kinder, die in den glühenden Molochsarmen dieser Welt gebraten und mit Lichtstrahlen gekitzelt werden, damit die Götter sich über ihr Lachen freuen?

CAMILLE. Ist denn der Äther mit seinen Goldaugen eine

---

9 **Stoiker:** Philosophen, die die Beherrschung der Gefühle zum Ideal erhoben | 11 **Epikureer:** Philosophen, die unterstellten, dass Menschen nur dem Lustprinzip folgen | 13 **Toga:** Gewand römischer Bürger | 17 **das hässliche Ding:** den Penis | 24 **Zeter:** Geschrei | 37 **Äther ... Goldaugen:** Himmel mit Sternen

Schüssel mit Goldkarpfen, die am Tisch der seligen Götter steht und die seligen Götter lachen ewig und die Fische sterben ewig und die Götter erfreuen sich ewig am Farbenspiel des Todeskampfes.)

DANTON. Die Welt ist das Chaos. Das Nichts ist der zu gebärende Weltgott ...

DER SCHLIESSER *tritt ein.*

SCHLIESSER. Meine Herren, Sie können abfahren, die Wagen halten vor der Tür.

PHILIPPEAU. Gute Nacht meine Freunde, ziehen wir ruhig die große Decke über uns, worunter alle Herzen ausglühen und alle Augen zufallen.
(Sie umarmen einander.)

HÉRAULT *(nimmt Camilles Arm).* Freue dich Camille, wir bekommen eine schöne Nacht. Die Wolken hängen am stillen Abendhimmel wie ein ausglühender Olymp mit verbleichenden, versinkenden Göttergestalten.
(Sie gehen ab.)

Sechste Szene

Ein Zimmer
JULIE.

Das Volk lief in den Gassen, jetzt ist alles still.
Keinen Augenblick möchte ich ihn warten lassen.
(Sie zieht eine Phiole hervor.)
Komm liebster Priester, dessen Amen uns zu Bette gehn macht.
(Sie tritt ans Fenster.)
Es ist so hübsch Abschied zu nehmen, ich habe die Türe nur noch hinter mir zuzuziehen. *(Sie trinkt.)*
Man möchte immer so stehn.
Die Sonne ist hinunter. Der Erde Züge waren so scharf in ihrem Licht, doch jetzt ist ihr Gesicht so still und ernst wie einer Sterbenden. Wie schön das Abendlicht ihr um Stirn und Wangen spielt.

---

5 **Chaos:** das Ungeordnete, als Gegensatz zum Universum, der geordneten Welt | 24 **Phiole:** lat., kleine birnenförmige Flasche

Stets bleicher und bleicher wird sie, wie eine Leiche treibt sie abwärts in der Flut des Äthers; will denn kein Arm sie bei den goldnen Locken fassen und aus dem Strom sie ziehen und sie begraben? Ich gehe leise. Ich küsse sie nicht, dass kein Hauch, kein Seufzer sie aus dem Schlummer wecke. Schlafe, schlafe. *(Sie stirbt.)*

Siebente Szene

Der Revolutionsplatz

Die Wagen kommen angefahren und halten vor der Guillotine. MÄNNER *und* WEIBER *singen und tanzen die Carmagnole. Die* GEFANGNEN *stimmen die Marseillaise an.*

EIN WEIB MIT KINDERN. Platz! Platz! Die Kinder schreien, sie haben Hunger. Ich muss sie zusehen machen, dass sie still sind. Platz!

EIN WEIB. He Danton, du kannst jetzt mit den Würmern Unzucht treiben.

EINE ANDERE. Hérault, aus deinen hübschen Haaren lass ich mir eine Perücke machen.

HÉRAULT. Ich habe nicht Waldung genug für einen so abgeholzten Venusberg.

CAMILLE. Verfluchte Hexen! Ihr werdet noch schreien, ihr Berge fallet auf uns!

EIN WEIB. Der Berg ist auf euch oder ihr seid ihn vielmehr hinunter gefallen.

DANTON *(zu Camille)*. Ruhig, mein Junge, du hast dich heiser geschrieen.

CAMILLE *(gibt dem Fuhrmann Geld)*. Da alter Charon, dein Karren ist ein guter Präsentierteller.

Meine Herren, ich will mich zuerst servieren. Das ist ein klassisches Gastmahl, wir liegen auf unsern Plätzen und verschütten etwas Blut als Libation. Adieu Danton.

(Er besteigt das Blutgerüst. Die Gefangnen folgen ihm einer nach dem andren. Danton steigt zuletzt hinauf.)

11f. **Carmagnole / Marseillaise:** Lieder der Revolutionäre | 21 **Venusberg:** weibliche Scham | 28 **Charon:** in der griech. Mythologie Fährmann der Seelen in das Totenreich | 32 **Libation:** lat., Trankopfer, bei dem Wein für die Götter vergossen wurde

LACROIX *(zu dem Volk).* Ihr tötet uns an dem Tage, wo ihr den Verstand verloren habt; ihr werdet sie an dem töten, wo ihr ihn wiederbekommt.

EINIGE STIMMEN. Das war schon einmal da! wie langweilig!

LACROIX. Die Tyrannen werden über unsern Gräbern den Hals brechen.

HÉRAULT *(zu Danton).* Er hält seine Leiche für ein Mistbeet der Freiheit.

PHILIPPEAU *(auf dem Schafott).* Ich vergebe euch, ich wünsche eure Todesstunde sei nicht bitterer als die meinige.

HÉRAULT. Dacht ich's doch, er muss sich noch einmal in den Busen greifen und den Leuten da unten zeigen, dass er reine Wäsche hat.

FABRE. Lebe wohl Danton. Ich sterbe doppelt.

DANTON. Adieu mein Freund. Die Guillotine ist der beste Arzt.

HÉRAULT *(will Danton umarmen).* Ach Danton, ich bringe nicht einmal einen Spaß mehr heraus. Da is't's Zeit.
(Ein Henker stößt ihn zurück.)

DANTON *(zum Henker).* Willst du grausamer sein als der Tod?
Kannst du verhindern, dass unsere Köpfe sich auf dem Boden des Korbes küssen?

Achte Szene

Eine Straße
LUCILE.

Es ist doch was wie Ernst darin. Ich will einmal nachdenken. Ich fange an so was zu begreifen. Sterben – Sterben –
Es darf ja alles leben, alles, die kleine Mücke da, – der Vogel. Warum denn er nicht? Der Strom des Lebens müsste stocken, wenn nur der eine Tropfen verschüttet würde. Die Erde müsste eine Wunde bekommen von dem Streich.

---

23 **des Korbes:** Korb, in den die Köpfe der Hingerichteten fielen |
34 **Streich:** Schlag, Hieb

Es regt sich alles, die Uhren gehen, die Glocken schlagen, die Leute laufen, das Wasser rinnt und so so alles weiter bis da, dahin – nein! es darf nicht geschehen, nein – ich will mich auf den Boden setzen und schreien, dass erschrocken alles stehn bleibt, alles stockt, sich nichts mehr regt.
(Sie setzt sich nieder, verhüllt sich die Augen und stößt einen Schrei aus. Nach einer Pause erhebt sie sich.)
Das hilft nichts, da ist noch alles wie sonst, die Häuser, die Gasse, der Wind geht, die Wolken ziehen. – Wir müssen's wohl leiden.

EINIGE WEIBER *kommen die Gasse herunter.*

ERSTES WEIB. Ein hübscher Mann, der Hérault.
ZWEITES WEIB. Wie er beim Konstitutionsfest so am Triumphbogen stand da dacht ich so, der muss sich gut auf der Guillotine ausnehmen, dacht ich. Das war so 'ne Ahnung.
DRITTES WEIB. Ja man muss die Leute in allen Verhältnissen sehen, es ist recht gut, dass das Sterben so öffentlich wird.
(Sie gehen vorbei.)
LUCILE. Mein Camille! Wo soll ich dich jetzt suchen?

Neunte Szene

Der Revolutionsplatz
ZWEI HENKER *an der Guillotine beschäftigt.*

ERSTER HENKER *(steht auf der Guillotine und singt).*
    Und wann ich hame geh
    Scheint der Mond so scheeh …
ZWEITER HENKER. He holla! Bist bald fertig?
ERSTER HENKER. Gleich, gleich!
  (Singt.) Scheint in meines Ellervaters Fenster
    Kerl wo bleibst so lang bei de Menscher?

---

27 **hame:** heim (Dialekt) | 28 **scheeh:** schön (Dialekt) | 31 **Ellervaters:** Großvaters (südhessischer Dialekt)

So! die Jacke her!
(Sie gehn singend ab.)
                    Und wann ich hame geh
                    Scheint der Mond so scheeh.

LUCILE, *tritt auf und setzt sich auf die Stufen der Guillotine.*

LUCILE. Ich setze mich auf deinen Schoß, du stiller Todesengel.
(Sie singt.)   Es ist ein Schnitter, der heißt Tod,
                    Hat Gewalt vom höchsten Gott.
Du liebe Wiege, die du meinen Camille in Schlaf gelullt, ihn unter deinen Rosen erstickt hast.
Du Totenglocke, die du ihn mit deiner süßen Zunge zu Grabe sangst.
(Sie singt.)   Viel hunderttausend ungezählt,
                    Was nur unter die Sichel fällt.

EINE PATROUILLE *tritt auf.*

EIN BÜRGER. He wer da?
LUCILE. Es lebe der König!
BÜRGER. Im Namen der Republik.
(Sie wird von der Wache umringt und weggeführt.)

---

8 **Es ist ein Schnitter:** Es ist ein Sensenmann, ein Schneidemann (Anfang eines katholischen Kirchenliedes)

Anhang

1. Zur Textgestalt

Der Text der vorliegenden Ausgabe folgt der Edition:

> Georg Büchner: Sämtliche Werke und Schriften. Hist.-krit. Ausg. mit Quellendokumentation und Kommentar (Marburger Ausgabe). Im Auftrag der Akademie der Wissenschaften und der Literatur, Mainz, hrsg. von Burghard Dedner und Thomas Michael Mayer. Bd. 3.2: Danton's Tod. Text, Editionsbericht. Bearb. von Burghard Dedner und Thomas Michael Mayer. Darmstadt: Wissenschaftliche Buchgesellschaft, 2000. Emendierter Text. S. 3–81.

Die Orthographie wurde auf der Grundlage der neuen amtlichen Rechtschreibung behutsam modernisiert; der originale Lautstand und grammatische Eigenheiten blieben gewahrt. Die Interpunktion folgt der Druckvorlage.

Die Numerierung der Szenen und im Personenverzeichnis fehlende Namen und Bezeichnungen auftretender Personen wurden eingefügt. Französische Namen historischer Personen, Orte usw. werden in damaliger korrekter Schreibung wiedergegeben mit Ausnahme von »Georg« (eigentlich »Georges«) »Danton« und »St. Just« (eigentlich »Saint-Just«). Pronomina wie »alle«, »andere«, »beide«, »einer«, »keiner« usw., in der Vorlage meistens groß geschrieben, wurden einheitlich klein geschrieben. Die fast durchgängige Großschreibung von Anrede-Pronomina ist in Kleinschreibung korrigiert (»du«, »dir« usw., »ihr«, »euch« usw., wenn nicht Höflichkeits-Anrede an einzelne Personen vorliegt). Die unterschiedliche Schreibung von Zahlen (Ziffern oder Buchstaben) ist zu Buchstabenschreibung vereinheitlicht. Unvollständigen Wörtern oder Sätzen, die in der Vorlage ohne Satzzeichen oder mit Komma enden, sind drei Punkte angefügt (das Komma wurde in solchen Fällen gestrichen). Darüber hinaus wurde an folgenden Stellen der Text der Vorlage korrigiert:

5,24 Ihren] ihren   30,17 Menschen Sohn] Menschensohn   40,20 lief'] lief   42,6 zetert'] zetert   51,26 Sie] sie   60,8 paar] Paar   72,10 Sie niesen] sie niesen   79,23 Ohr,] Ohr

2. Anmerkungen

3 **Deputierte:** die Abgeordneten des Nationalkonvents. Der Konvent war während der Revolution vom 20. November 1792 bis zum 26. Oktober 1795 die verfassungs- und gesetzgebende Versammlung. Abgeordnete durften alle Franzosen ab dem 21. Lebensjahr wählen; ab dem 25. Lebensjahr besaß man das passive Wahlrecht, d. h., man konnte als Abgeordneter gewählt werden.

Georg Danton: George Jacques Danton (1759–1794). Danton war vor der Revolution Anwalt, seit 1790 Mitglied des Jakobinerklubs, daneben auch Mitglied des Cordeliersklubs; nach dem Ende der Monarchie bis Oktober 1792 Justizminister, von April bis Juli 1793 als Mitglied des Wohlfahrtsausschusses verantwortlich für die Außenpolitik (zusammen mit Barère, s. unten); zog sich im November 1793 zunächst aus der Politik zurück, schloss sich dann aber der Kampagne der »Indulgents« (Nachsichtigen) an, die sich gegen den Terror und für eine gesellschaftliche Aussöhnung engagierten; die damit einhergehende Infragestellung der radikalen Revolutionäre war – neben der Nähe zum Betrugsskandal seines Sekretärs Fabre – der wesentliche Grund für seine Verhaftung am 31. März 1794 und die Hinrichtung fünf Tage später.

Legendre: Louis-Philippe Legendre (1752–1797). Einer der Gründer des Cordeliersklubs; seit Ende 1791 sehr aktiv bei den Jakobinern; entging trotz des Vorwurfs einer zu gemäßigten Haltung der Verurteilung.

Camille Desmoulins: (1760–1794) zunächst Anwalt; rief im Sommer 1789 das Volk zum Aufstand auf; als Publizist und Redakteur sehr einflussreicher Verfechter einer republikanischen Verfassung; seit 1792 zusammen mit Fabre Sekretär im Justizministerium von Danton; kritisierte in seiner Zeitschrift neben den Hébertisten auch die Machtfülle der Jakobiner; wurde zusammen mit Danton verhaftet und hingerichtet.

Hérault-Séchelles: Marie-Jean Hérault des Séchelles (1759–1794). Vor der Revolution Generalstaatsanwalt am höchsten Gericht und Richter an verschiedenen obersten Gerichten; erarbeitete zusammen mit anderen im Auftrag des Konvents eine neue Verfassung; seit 1793 Mitglied im Wohlfahrtsausschuss; wurde wegen seiner Kontakte zu Gegnern der Revolution bereits zwei Wochen vor Danton verhaftet, dann aber zusammen mit den Dantonisten verurteilt und hingerichtet; galt als auffallend schöner Mann.

Lacroix: Jean-François Delacroix (1753–1794), genannt Lacroix. Abgeordneter zunächst in der Nationalversammlung, dann im Konvent und Mitglied im ersten Wohlfahrtsausschuss; machte sich Robespierre bereits als Mitglied der Nationalversammlung zum Feind; ihm wurden im Januar 1794 Amtsmissbrauch und verschiedene andere Vergehen vorgeworfen; Verurteilung dann aber vor allem wegen seiner Nähe zu Danton.

Philippeau: Pierre-Nicolas Philippeau (1745–1794). Zunächst Anwalt; 1793 aktiv bei der Aufstellung und Organisation der Revolutionsarmee, vor allem im Kampf gegen konterrevolutionäre Truppen in der Vendée; kritisierte die inkonsequente Unterstützung der Revolutionstruppen durch den Wohlfahrtsausschuss; wurde zusammen mit den Dantonisten angeklagt und hingerichtet.

Fabre d'Églantine: Philippe-François-Nazaire Fabre (1750–1794). Zunächst erfolgreicher Schriftsteller; wurde 1792 zusammen mit Desmoulins Sekretär im Justizministerium von Danton; war maßgeblich in einen Skandal um Dokumentenfälschungen und betrügerische Aktivitäten im Zusammenhang mit der Indienkompanie (einem großen Wirtschaftsunternehmen) verwickelt; dieser Skandal war dann auch offizieller Anlass für die Verhaftung Dantons; hingerichtet 1794 zusammen mit den anderen Dantonisten.

Mercier: Louis-Sébastian Mercier (1740–1814). Schriftsteller und Journalist; stand den Girondisten nahe; wurde 1793 wegen Verunglimpfung des französischen Volkes festgenommen und blieb bis November 1794 inhaftiert; danach wieder als Abgeordneter im Konvent; Büchner nutzte Merciers Darstellung der Revolution in *Le Nouveau Paris* als Quelle für *Dantons Tod*.

Thomas Payne: (1737–1809); Engländer, der sich zunächst als Publizist in Nordamerika für die amerikanische Unabhängigkeit von England engagierte; kehrte dann nach Europa zurück und verteidigte in seiner Schrift *The Rights of Man* die Französische Revolution; seit 1792 französischer Staatsbürger und Mitglied des Konvents; wurde 1793 als Ausländer festgenommen und inhaftiert, später auf Druck der amerikanischen Regierung wieder freigelassen und erneut in den Konvent gewählt; als Philosoph ein Vordenker des Atheismus.

Mitglieder des Wohlfahrtsausschusses: Der Wohlfahrtsausschuss war nach seiner Einsetzung im April 1793 zunächst das

Abb. 1: Danton. Nach einer Zeichnung von Raffet (Staatsbibliothek Berlin, Bildarchiv [Handke])

Exekutivorgan des revolutionären Konvents, die Regierung, der die praktische Umsetzung von Beschlüssen und Gesetzen oblag; die Mitgliedschaft in diesem zehnköpfigen Ausschuss war zunächst auf einen Monat beschränkt; nach dem Sturz der Girondisten bauten die Jakobiner diesen Ausschuss zu einem vom

Konvent nicht mehr zu kontrollierenden Mittel ihrer Terrorherrschaft aus; während der Zeit des Terrors gab es – bis auf den Wegfall von Hérault – keine personellen Veränderungen, auch dies ein Zeichen für die fehlende demokratische Kontrolle; der Wohlfahrtsausschuss wurde 1795 aufgelöst.

Robespierre: Maximilien Robespierre (1758–1794). Studienkollege von Desmoulins; zunächst Anwalt (in Arras); im April 1789 ein Vertreter des dritten Standes in der vom König einberufenen Versammlung der Generalstände; Mitbegründer des Jakobinerklubs und erster Abgeordneter für Paris im Konvent; seit Juli 1793 im Wohlfahrtsausschuss; begründete mit seinen Reden vor dem Konvent Ende 1793 und Anfang 1794 die Diktatur der Jakobiner und rechtfertigte den Terror den Hinrichtungen als legitimes Mittel im Kampf gegen Gegner der Revolution; ab Juni 1794 formierten sich die Gegner Robespierres, die ihn Ende Juli 1794 verhaften ließen und ohne Verfahren hinrichteten.

St. Just: Louis-Antoine de Saint-Just (1767–1794). Abgeordneter im Konvent, wo er u.a. offensiv für die Hinrichtung des Königs eintrat; zeitweise Leiter des Polizeibüros des Wohlfahrtsausschusses; galt zu Büchners Zeit als »Schreckensmann« der Revolution.

Barère: Bertrand Barère des Vieuzac (1755–1841). Zunächst Anwalt und Schriftsteller; im April 1789 zusammen mit Robespierre als Vertreter des dritten Standes in die Generalstände gewählt; Mitglied sowohl im Wohlfahrts- wie auch im Verteidigungsausschuss; Ende 1793 angeklagt wegen der Nähe zu verschiedenen gemäßigten Gruppen (Girondisten, Dantonisten); beteiligt am Sturz von Robespierre; wurde 1795 zur Deportation nach Übersee verurteilt, konnte aber entkommen und untertauchen; er war das am längsten überlebende Mitglied des Wohlfahrtsausschusses.

Collot d'Herbois: Jean-Marie Collot (1749–1796). Vor der Revolution Schauspieler und Autor; frühes Mitglied des Jakobinerklubs; im Wohlfahrtsausschuss von September 1793 bis September 1794; 1793 leitendes Mitglied einer Strafexpedition gegen konterrevolutionäre Aufstände in Lyon, wo er Massenerschießungen billigte; wurde 1795 zur Deportation nach Guyana (Südamerika) verurteilt, wo er ein Jahr später starb.

Billaud-Varennes: Jacques-Nicolas Billaud (1756–1819), seit 1786: Billaud-Varenne. Vor der Revolution Anwalt; seit 1790 im Jakobinerklub und seit 1793 im Wohlfahrtsausschuss; zunächst aufseiten von Robespierre im Kampf gegen die Radikalen (Hébertisten) und die Gemäßigten (Girondisten, Dantonisten), stellte sich später jedoch gegen Robespierre; wurde zusammen mit Collot nach Guyana deportiert.

Mitglieder des Sicherheitsausschusses: Der Sicherheitsausschuss des Konvents wurde 1792 gegründet und war zuständig für Fragen der inneren Sicherheit; ab September 1793 einflussreiche politische Polizei; durch Robespierres Forderung nach einer radikaleren Verfolgung politischer Gegner kam es im Frühjahr und frühen Sommer 1794 zu scharfen Konflikten zwischen Sicherheitsausschuss und Wohlfahrtsausschuss.

Amar: Jean Baptiste André Amar (1775–1816). Von Sommer 1793 bis Herbst 1794 Mitglied des Sicherheitsausschusses; war beteiligt an der Anklage gegen 41 Girondisten im Oktober 1793 und an der Strafverfolgung der Abgeordneten, die in die Korruptionsaffäre um die Indienkompanie verwickelt waren (s. oben: Fabre); wurde im August 1794 als einer der Hauptverantwortlichen für die Diktatur Robespierres angeklagt und festgenommen, später jedoch begnadigt.

Vouland: Jean-Henri Voulland (1751–1801). Mitglied der verfassunggebenden Versammlung und deren politischer Polizei; während der Revolution zunächst Richter, dann Abgeordneter des Konvents und von September 1793 bis Ende August 1794 Mitglied des Sicherheitsausschusses; mit Amar zusammen wegen der Unterstützung der Diktatur Robespierres angeklagt; konnte untertauchen und wurde 1795 begnadigt.

Chaumette, Prokurator des Gemeinderats: Pierre-Gaspard Chaumette (1763–1794). Mitglied des Cordeliersklubs und Anhänger Héberts (vgl. Anm. zu 31,27); Vertreter der Pariser Kommune in rechtlichen Angelegenheiten; wurde im März 1794 festgenommen, im Prozess gegen die vermeintliche Verschwörung im Luxembourg-Gefängnis zum Tode verurteilt und im April 1794 hingerichtet.

Dillon, ein General: Arthur Dillon (1750–1794). Ein aus Irland stammender Militär, der zunächst im amerikanischen Unabhängigkeitskrieg kämpfte und sich 1792 den revolutionären Streitkräften anschloss, für die er erfolgreich einige strategisch wichtige Positionen eroberte und hielt; wurde 1793 in Zusammenhang mit einer mutmaßlichen royalistischen Verschwörung verhaftet und

Abb. 2: Robespierre. Nach einer Zeichnung von Raffet (Staatsbibliothek Berlin, Bildarchiv [Handke])

mit Lucile Desmoulins, der Ehefrau des Revolutionärs Camille Desmoulins, hingerichtet.

Fouquier-Tinville, öffentlicher Ankläger: Antoine-Quentin Fouquier de Tinville (1746–1795). Seit März 1793 stellvertretender öffentlicher Ankläger und seit September 1794 Chefankläger des

Revolutionstribunals; Verhaftung im Dezember 1794 wegen der Missachtung von Prozessregeln und der Verantwortung für die grausame Behandlung von Angeklagten; Hinrichtung im Mai 1795.

Präsidenten des Revolutionstribunales: Vor dem Hintergrund der sich zuspitzenden außen- und innenpolitischen Lage gründete der Konvent im März 1793 das Revolutionstribunal als Sondergericht; abweichend von der normalen Prozessordnung konnte gegen Urteile des Revolutionstribunals keine Berufung eingelegt werden; theoretisch gab es auch für die Revolutionstribunale eine klare Prozessordnung, die dem Angeklagten gewisse Rechte einräumte, tatsächlich wurde aber oft auch willkürlich davon abgewichen; nach dem Prozess gegen Fouquier (s. o.), in dem die Rechtsbrüche während des Terrors untersucht worden waren, wurde das Revolutionstribunal aufgelöst.

Herman: Armand Martial Joseph Herman (1759–1795). Seit August 1793 Leiter des Revolutionstribunals; leitete die Prozesse gegen die Girondisten und die Dantonisten; wurde danach von Dumas abgelöst; 1795 wegen der gesetzwidrigen Auswahl und Beeinflussung von Geschworenen angeklagt; hingerichtet im Mai 1795.

Dumas: René-François Dumas (1753–1794). Jakobiner; zunächst Vizepräsident, dann, im April 1794, in der Nachfolge von Herman, Präsident des Revolutionstribunals; leitete die Prozesse gegen die Hébertisten, gegen Dillon, Chaumette, Lucile Desmoulins; wurde zusammen mit Robespierre hingerichtet.

Paris, ein Freund Dantons: Nicolas Joseph Paris. Kanzleileiter und später Gerichtsschreiber am Revolutionstribunal; nach eigenen Angaben im Luxembourg-Gefängnis inhaftiert.

Laflotte: Alexandre de Laflotte. Bis 1793 diplomatischer Vertreter Frankreichs im Ausland, wurde dann im Luxembourg-Gefängnis inhaftiert; zeigte eine angebliche Verschwörung im Gefängnis an, woraufhin u. a. Dillon und Lucile Desmoulins mit dem Vorwurf der Verschwörung gegen die Revolution angeklagt wurden.

Julie, Dantons Gattin: Sébastienne-Louise Danton, geb. Gély (1777–1858). Dantons zweite Ehefrau, die er 1793 kurz nach dem Tod seiner ersten Frau, Antoinette-Gabrielle Charpentier (1761–1793) als kaum 16jährige heiratete; einige Revolutionäre warfen ihr vor, Danton von der Politik abgebracht zu haben; Sébastienne, die bereits 10 Monate nach der Hochzeit mit 16 Jahren zur Witwe wurde, heiratete zwei Jahre später wieder und starb – anders als im Drama – 64 Jahre nach Danton.

Lucile, Gattin des Camille Desmoulins: Lucile Laridon-Duplessis (1770–1794). Aus bürgerlichen und begüterten Verhältnissen stammende Ehefrau Desmoulins'; politisch interessiert und aktiv; engagierte sich für die Freilassung von Desmoulins; wurde aufgrund der belastenden Aussagen Laflottes angeklagt und mit Dillon, Chaumette und anderen verurteilt und hingerichtet.

Grisetten: Frauen aus kleinen Verhältnissen, die teils von der Prostitution lebten, daneben aber meist einen Beruf zum Beispiel als Näherin hatten.

7,7 **Marats Rechnung:** Jean-Paul Marat; radikaler Revolutionär, propagierte die Notwendigkeit revolutionärer Gewalt, wurde im Juli 1793 ermordet.

9,28 **Virginius:** Der römische Historiker Livius berichtet von einem angesehenen Plebejer Virginius, der seine Tochter Virginia erstach, um sie vor der Schändung durch den Patrizier Appius Claudius zu bewahren.

10,25 **Lucretia:** Lucretia war die Frau des römischen Patriziers Tarquinius Collatinus. Sie tötete sich nach der Vergewaltigung durch den Sohn des Königs Tarquinius Superbus selbst; das Verbrechen und der Freitod der Lucretia waren der Anlass für die Vertreibung der Tarquinier und der Beginn der römischen Republik; s. auch Anm. zu 23,8.

12,13 **August und September:** Anspielung auf die der Hinrichtung vorausgegangene Festnahme des Königs im August 1792, für die Danton in einer Unterschriftenaktion geworben hatte; im September wurden etwa 1300 Gefängnisinsassen als vermeintliche Konterrevolutionäre gelyncht; Danton schritt nicht dagegen ein, obwohl es als Justizminister seine Pflicht gewesen wäre; s. auch 3. »Die Französische Revolution«, S. 104.

13,12 **Baucis:** Frauenideal. Philemon und Baucis waren seit der Antike das Vorbild für ein bis ins hohe Alter treu sich liebendes Ehepaar.

13,16 **Porcia:** Frau des Caesar-Mörders Brutus, die treu zu ihrem Mann hielt und sich das Leben nahm, als dessen Sache verloren war.

13,18 **Hamlet:** Hauptfigur des gleichnamigen Dramas von William Shakespeare. Hamlets Vater wurde von dessen Bruder erschlagen; Hamlet will dieses Verbrechen rächen; er wirkt in mehreren Szenen geistig verwirrt oder verrückt, wobei unklar bleibt, ob dies wirklich so ist oder ob Hamlet die Verrücktheit kalkuliert als geschickten Tarnmantel nutzt, um unbemerkt seinen Racheplan voranzutreiben.

13,20 **Sannchen:** Susanna ist eine moralisch vorbildliche junge Frau, die in einem apokryphen Zusatz zum Buch Daniel (im AT) von zwei älteren Männern aus Rache zum Tode verurteilt, dann aber von Daniel gerettet wird.

13,26 **Brüder von Lyon:** Die Jakobiner in Lyon mussten gegen die gemäßigte Stadtregierung Niederlagen hinnehmen, rächten sich dann aber 1794 durch Strafmaßnahmen, v. a. Erschießungen, und eine strenge Verwaltung der Stadt.

13,28 **Ronsin:** Charles Philippe Ronsin (1751–1794) führte die revolutionären Truppen gegen das aufständische Lyon; wurde als radikaler Hébertist 1994 mehrfach verhaftet und schließlich am 24. März 1794 hingerichtet.

14,3 **die Flotten Pitts:** William Pitt (1759–1806) war während der Französischen Revolution und noch einige Jahre danach englischer Premierminister und ein erklärter Gegner der Revolution. Die südfranzösische Stadt Toulon musste sich 1793 der englischen Flotte ergeben, konnte wenig später jedoch von den revolutionären Truppen zurückerobert werden.

14,9 f. **Männer des 10. August ... 31. Mai:** Verweis auf Revolutionäre, die sich bewaffnet an zentralen Kämpfen und Epochen der Revolution beteiligt hatten (Sturm auf die Bastille 14. Juli 1789 u. a.).

14,10 **Gaillard:** Schauspieler und Anhänger Héberts, tötete sich 1793 nach der Verhaftung Ronsins selbst. Der Suizid wurde von Robespierre und Collot d'Herbois propagandistisch als Mittel zur Verunglimpfung der Gemäßigten missbraucht.

14,11 **Dolch des Cato:** Cato beging Selbstmord, um nicht unter Sklaven leben zu müssen.

14,13 **Becher des Sokrates:** Sokrates (469–399 v. Chr.) gilt als Begründer der antiken griechischen Philosophie; nachdem er sich geweigert hatte, sich einer unrechtmäßigen gemeinschaftlichen Verurteilung von Angeklagten anzuschließen, wurde er v. a. wegen seines vermeintlich verderblichen Einflusses auf die Jugend Athens zum Tode verurteilt: er musste einen Becher mit Gift (Schierling) trinken; Sokrates ist zusammen mit Cato (und Christus) ein oft zitiertes Vorbild, weil er auch angesichts des Todes

seiner Idee treu blieb und lieber starb, als durch eine mögliche Flucht seine Überzeugung zu verraten.
14,36 **Medusenhäupter:** Medusa war ein griechisches Fabelwesen; ihr Blick versteinert.
17,14 **Tacitus:** römischer Historiker (um 55–116). Beschrieb in den *Annalen* die Tyrannei römischer Kaiser; Desmoulins spielte in seiner Kritik des Terrors auf diese Darstellung an; Catilina war ein Patriziersohn, der mit Freunden aus bloßer Zerstörungswut den Plan fasste, Rom in Brand zu stecken und die Bewohner zu ermorden; der Plan wurde aufgedeckt, und Cicero sorgte dafür, dass die an diesem Plan Beteiligten jenseits der geltenden Gesetze hingerichtet wurden; Sallusts Darstellung der Ereignisse war zu Büchners Zeit Schullektüre; Robespierre vergleicht Desmoulins an dieser Stelle mit Catilina.
18,18 **Ultrarevolutionärs:** besonders radikale Revolutionäre; Hébertisten.
18,26 **Decemvirn:** Mitglieder des Wohlfahrtsausschusses.
18,28 **Minotaurus:** griech. Fabelwesen, dem Jünglinge und Jungfrauen geopfert werden mussten.
18,31 f. **Mediceische Venus:** berühmte Aphroditenstatue, bestand der Sage nach aus elf Teilen; Anspielung auch auf eine Legende, der zufolge der Bildhauer einer Statue der Aphrodite fünf Modelle nutzte, da er meinte, die perfekte Schönheit könne man nicht in einem einzigen Körper finden.
18,35 **Medea:** eine sagenhafte Frauengestalt der griechischen Mythologie, die auf der Flucht mit ihrem Geliebten Jason und ihrem Bruder Absyrtos den letzteren in Stücke schnitt, um damit den Vater aufzuhalten, der die Fliehenden verfolgte.
21,33 **Adonis:** schöner Geliebter der Göttin Aphrodite, wurde von einem Eber getötet.
22,5 **Fabricius:** das revolutionäre Pseudonym (gewissermaßen der Künstlername) von Dantons Freund Paris.
22,9 **Quecksilberblüten:** Mit Quecksilber wurde die Syphilis behandelt.
22,13 f. **die Mitte ... die Linie passiert:** Anspielung auf die von Seefahrern sogenannte Äquatortaufe. Früher war es auf Seereisen üblich, dass Seeleute, die das erste Mal den Äquator überquerten, zur Belustigung der Mannschaft einem teils brutalen, teils lächerlichen Ritual unterzogen wurden. Oft wurden sie in Anwesenheit eines als Neptun verkleideten Seemanns mit stinkendem Öl

eingerieben und danach gereinigt. Sublimat: Mittel gegen Syphilis.

22,28 **Paetus:** Caecina Paetus sollte nach einer angeblichen Verschwörung gegen den Kaiser Claudius 42 n. Chr. hingerichtet werden. Mit dem Ruf »Paetus, es schmerzt nicht« stieß sich seine Frau einen Dolch in die Brust, um ihm den Schritt zum ehrenvolleren Selbstmord leichter zu machen.

23,8 **Brutus:** Lucius Junius Brutus. Dieser gründete laut Überlieferung im Anschluss an die Vertreibung des Königsgeschlechts der Tarquinier (s. Anm. zu 10,25) im Jahre 509 v. Chr. die römische Republik; forderte die vom Gesetz vorgesehene Todesstrafe gegen seine beiden Söhne, die sich an einer Verschwörung beteiligt hatten, und wohnte der Hinrichtung bis zum Ende bei.

23,21f. **Die Revolution ... wie Saturn ... Kinder:** Saturn war eine antike Gottheit; er fraß seine Kinder, um nicht von ihnen vom Thron gestoßen zu werden; nur Zeus entkam ihm. Die Wendung »Die Revolution frisst ihre Kinder« hat sich später zu einer Art Sprichwort entwickelt und wurde häufig kritisch auch auf die kommunistischen Regierungen im 20. Jahrhundert bezogen.

24,22 **Arsenal:** Waffenlager, Zeughaus.

24,35f. **Tarpejischer Fels:** Felsen, von dem im alten Rom Staatsverbrecher gestürzt wurden.

28,23f. **den Gesetzgebungs-[...]ausschuss:** Ein Ausschuss, der zuständig war für die Vorbereitung von Gesetzesvorlagen.

29,7 **der alte Franziskaner:** Gemeint ist eine von Desmoulins herausgegebene Zeitschrift, die vor allem die Meinung der Dantonisten versammelte; es fehlen hier, nach heutiger Auffassung, die Anführungszeichen.

29,11 **Schächern:** Schächer: die beiden Verbrecher, zwischen denen Christus gekreuzigt wurde.

29,13f. **Maria und Magdalena:** ein Verweis auf die Hinrichtung Christi, bei der sowohl die Mutter Jesu als auch Jesu treue Begleiterin Magdalena anwesend waren. Magdalena wird in christlichen Darstellungen häufig als geläuterte Sünderin bzw., erkennbar an ihrem offenen Haar, als ehemalige Prostituierte stilisiert.

29,15f. **apokalyptischen Offenbarungen:** Anspielung auf die Apokalypse des Johannes (das Ende des NT).

29,18 **St. Denis:** erster bekannter Bischof von Paris; Märtyrer, der hingerichtet wurde und seinen Kopf in den eigenen Händen getragen haben soll.

30,1f. **die Fälscher ... die Fremden:** Danton und seine Anhänger sollten zusammen mit Wirtschaftskriminellen und Betrügern verurteilt werden. Als »Fälscher« bezeichnet St. Just hier eine Gruppe von Franzosen, die zusammen mit mehreren Ausländern – dies offenbar die »Fremden« – wegen der Fälschung eines wichtigen Dokumentes angeklagt werden sollten. Die Gruppe verfolgte keine politischen Ziele, sondern wollte sich lediglich bereichern.

30,2 **Ei ... Apfel:** St. Just vergleicht den Prozess zynisch mit einer römischen Mahlzeit. Der Akzent liegt hier auf zwei Punkten: Zum einen scheint ihm der Tod der Dantonisten zu ›schmecken‹, er freut sich darauf wie auf ein Festmahl. Zum andern freut er sich darüber, dass der Prozess eine ›runde Sache‹ zu werden verspricht – er beginnt mit einer klassischen Vorspeise und endet mit einem ebenso klassischen Dessert.

31,25 **Tribünen:** doppeldeutig: vor allem Publikum der politischen Ereignisse; gemeint aber wohl auch »Tribunen«: im alten Rom Politiker mit Vetorecht im Senat; in der Französischen Revolution Name für die Abgeordneten der Sektionen.

31,27 **Héberts:** Jacques René Hébert (1757–1794). Seit 1791 Mitglied des Cordeliersklubs und seit 1793 im Jakobinerklub; Führer der sogenannten Hébertisten, einer revolutionären Gruppe; griff sowohl Girondisten als auch Jakobiner wegen mangelnder Radikalität an und forderte insbesondere Maßnahmen gegen Spekulanten und Wucherer; im März 1794 hingerichtet.

32,34 ff. **Schiffbrüchige ... das Blut aus den Adern saugen:** offenbar Anspielung auf den bekannten Schiffbruch der Fregatte »La Méduse«; von 150 Schiffbrüchigen überlebten nur 15 auf einem Floß, auf denen es zu Kannibalismus gekommen sein soll.

32,36 f. **Algebraisten:** Eingeweihte der Algebra, der Lehre von den Gleichungen.

33,21 **Epigramm:** literarische Kurzform. Sinn hier: Das Leben ist so kurz, dass es nicht in der üblichen langen Form einer Biographie dargestellt werden muss; es reichen ein bis zwei Sätze.

37,10 f. **Ein babylonischer Turm:** Turm zu Babel (AT: 1. Mose 11); daneben Anspielung Büchners auf *La Tour de Babel*, ein frz. Drama (veröffentlicht 1834!).

38,19 **Pygmalions Statue:** Pygmalion verliebte sich in seine Skulptur, die dann von einer Göttin zum Leben erweckt wurde.

38,21f. **David:** Jacques-Louis David (1748–1825): Maler, der wirklichkeitsnah auch Elend und menschliche Abgründe darstellte.

49,11 **Marseillaise:** ursprünglich das Marschlied der freiwilligen Revolutionstruppen von Marseille, komponiert als Kriegslied 1792; wurde auch zu Hinrichtungen gesungen.

51,2f. **Spinoza:** Baruch de Spinoza (1632–1677), holländischer Philosoph; seine These, dass Gott und die Welt nur zwei Ansichten derselben Sache seien, wurde von der Kirche mehrfach scharf angegriffen.

51,18 **Voltaire:** François-Marie Arouet (1694–1778), genannt Voltaire. Sehr einflussreicher Schriftsteller und Philosoph, Vertreter der Aufklärung, bekannt für seinen beißenden Witz.

53,2 **Madame Momoro:** Schauspielerin, die in einer Feier am 10. November 1793 in Notre-Dame die Göttin der Vernunft gespielt hatte.

56,13 **Römer:** Verspottung der Selbstidentifizierung der Jakobiner mit den alten Römern.

56,20 **Bajazet:** Sultan Bajazet (1448–1512); soll aus den Köpfen Tausender toter Kriegsgegner Pyramiden gebaut haben.

58,17 **auf dem Marsfelde:** Danton ließ dort 1791 eine Unterschriftensammlung zur Absetzung des Königs durchführen.

58,20 **Fehdehandschuh hingeworfen:** Im Mittelalter wurde als Zeichen der Feindschaft dem Gegner ein Handschuh vor die Füße geworfen.

62,12 **der hörnerne Siegfried:** sagenhafter Held, bekam durch ein Bad in Drachenblut eine Hornhaut und wurde (fast) unverwundbar.

62,27 **St. Pelagie:** ehemaliges Nonnenkloster; ein altes Hospiz für Prostituierte, während der Revolution Gefängnis.

64,14f. **Verschwörung des Catilina:** s. Anm. zu 17,14.

64,16 **verletzten Förmlichkeit:** Verletzung der Gerichtsregeln.

64,22 **Semele:** Geliebte des höchsten römischen Gottes Jupiter; sie starb, als Jupiter ihr in Form von Blitz und Donner erschien.

66,32 **Prima nach Secunda:** Klassen am Gymnasium (Prima = Abiturklasse, Secunda = vorletzte Klasse vor dem Abitur usw.).

70,29 **Herzog von Orléans:** Herzog Ludwig Philipp II. Joseph von Orléans. Obwohl Verwandter des Königs, ein Vorkämpfer der

Revolution und Mitglied im Konvent, stimmte dort für die Hinrichtung des Königs; wurde 1793 hingerichtet.

75,2 **Die Nachtgedanken:** *The Complaint, or Night Thoughts on Life, Death, and Immortality* (1742–45) von Edward Young. Im 18. und 19. Jahrhundert ein vielgelesenes empfindsames Langgedicht.

79,15 **Lorbeerblätter:** im alten Rom Siegeszeichen des Triumphators.

79,34 f. **Molochsarmen:** Moloch: ein babylonischer Gott, dem Kinder geopfert wurden.

3. Die Französische Revolution: eine Zusammenfassung

Ohne eine Vorstellung vom historischen Hintergrund der Handlung, ohne Wissen um die wichtigsten Ereignisse der Französischen Revolution ist Büchners Drama *Dantons Tod* kaum zu verstehen. Ergänzend zu den Anmerkungen zu einzelnen Figuren und Ereignissen sind darum im Folgenden einige Eckdaten der Revolution zusammengefasst. Die Darstellung konzentriert sich dabei auf die Ereignisse, die für das Verstehen des Stückes wesentlich sind.

3.1 Der Weg vom Absolutismus bis zur konstitutionellen Monarchie (1789–1791)

Eine anhaltende Finanzkrise Frankreichs und ein durch Hunger wütend gewordenes Volk zwangen den König Ludwig XVI. zu Reformen in der Steuergesetzgebung. Die durch Steuerfreiheit privilegierten Stände jedoch, der Adel und die Vertreter der Kirche, waren nicht dazu bereit, ihre Vorrechte aufzugeben. Daraufhin berief der König 1789 die Generalstände, eine Versammlung von Vertretern von Adel, Klerus und Bürgertum, ein. Nachdem die privilegierten Stände auf einem Wahlrecht bestanden hatten, das ihnen in jeder Frage eine Mehrheit sichern würde, erklärten sich die Vertreter des dritten Standes zur Nationalversammlung und damit zur politischen Vertretung der französischen Nation. Eine der ersten Amtshandlungen der Nationalversammlung war die Verabschiedung einer Verfassung, die nur dem besitzenden Bürgertum ein Wahlrecht zusicherte und dem König ein Vetorecht zusprach. Er konnte also die Verabschiedung von Gesetzen zumindest aufschieben. Nach einem erfolglosen Fluchtversuch musste auch der König den Eid auf diese Verfassung ablegen.

3.2 Die Herrschaft von Jakobinern und Girondisten

Auf der Grundlage der neuen Verfassung von 1791 wurde eine neue Nationalversammlung (als Parlament) gewählt. In dieser stellten die Republikaner – die Jakobiner, die Girondisten und die Hébertisten (s. 3.4 »Revolutionäre Gruppen«, S. 104 f.) – die Mehrheit.

Eine große Herausforderung für diese Phase der konstitutionellen Monarchie, in der sich Volk und König die Macht teilten, stellte die kriegerische Bedrohung durch ausländische Mächte dar. Viele Adlige waren ins Ausland geflüchtet und drängten ihre Gastländer zur kriegerischen Niederschlagung der Revolution. In den nun ausbrechenden Kriegen mussten die französischen Revolutionstruppen zunächst viele Niederlagen hinnehmen. Durch die Erklärung eines preußischen Feldherrn wurde auch deutlich, dass der französische König auf der Seite der gegen Frankreich kämpfenden Truppen stand. Anlässlich seiner Verbindungen ins Ausland und nach langen Debatten über die unklare Rolle des Königs in der Republik wurde er zunächst verhaftet, mit einer Stimme Mehrheit zum Tode verurteilt und am 21. Januar 1793 öffentlich hingerichtet. Das Vorrücken feindlicher Truppen auf französisches Gebiet ist auch der Hintergrund für die sogenannten Septembermorde 1792. Aufgepeitscht durch die Nachricht, die feindlichen Truppen würden im Falle eines Einmarsches in Paris alle Revolutionäre grausam bestrafen, stürmte eine Menschenmasse die Gefängnisse, um die dort inhaftierten mutmaßlichen Feinde der Revolution zu ermorden. Insgesamt wurden 1300 Gefangene ermordet, mehrheitlich handelte es sich dabei gar nicht um politische Gefangene, sondern um Menschen, die wegen anderer Vergehen inhaftiert waren. Danton, während dieser Zeit Justizminister der revolutionären Regierung, hatte die Atmosphäre vor diesem Massaker noch angeheizt und unternahm während des Verbrechens nichts, um die Masse zurückzuhalten. Büchners Quellen zufolge hatte Danton den Mördern über Mittelsmänner sogar ausdrücklich den Auftrag zum Lynchen gegeben.

3.3 Der Terror (1793–1794) und das Ende der Revolution (1794–1799)

Die militärische Bedrohung von außen und wirtschaftliche Not im Innern begünstigte zu Beginn des Jahres 1793 die Konzentration der politischen Macht in der Hand der Jakobiner. Der Wunsch nach einer starken Führung bekam den Vorrang vor der Freiheit und der Vielfalt der Meinungen. Die gemäßigten Girondisten stellten sich gegen die Machtansprüche der Jakobiner, wurden aber aus dem Konvent verdrängt und entmachtet. Viele wurden hingerichtet.

Jetzt regierten die Jakobiner ohne Opposition. Zur wichtigsten politischen Institution entwickelte sich der von Robespierre beherrschte sogenannte Wohlfahrtsausschuss. Dieser vereinte – im Widerspruch zum demokratischen Ideal der Gewaltenteilung – die Macht von Legislative und Exekutive, von Parlament und Regierung in sich. Auf Betreiben des Wohlfahrtsausschusses wurde der Terror, *la Grande Terreur*, das Vorantreiben der Revolution durch die systematische Ermordung wirklicher oder vermeintlicher Gegner, in den Jahren 1793 und 1794 zur schrecklichen Normalität. Hinrichtungen gab es täglich und durch die neu erfundene Guillotine in großer Zahl. Allein zwischen Mitte Juni und Mitte Juli 1794 wurden nach Schnellverfahren fast 1300 Menschen hingerichtet. Diese Epoche endete im Juli 1794. Nachdem Robespierre angekündigt hatte, dass auch der Wohlfahrtsausschuss von inkonsequenten Revolutionären gesäubert werden müsse, und Saint-Just dem Konvent vorgeschlagen hatte, Robespierre diktatorische Vollmachten zu übertragen, wurden Robespierre und seine Anhänger von wütenden Mitgliedern des Konvents festgenommen und kurz darauf ohne Prozess hingerichtet. Nach dem Tod von Robespierre setzte sich das besitzende Bürgertum als mächtigste Kraft durch. Als Regierung fungierte ein fünfköpfiges »Direktorium«. Angesichts erneuter militärischer und innenpolitischer Probleme gewann dann der seit 1797 amtierende General Napoléon Bonaparte einen immer größeren Einfluss auf die Politik. Im November 1799, am 18. Brumaire nach dem Kalender der Revolution, riss Napoleon in einem Staatsstreich die Macht an sich. Einerseits führte Napoleon die Revolution mit anderen Mitteln weiter und sorgte durch die verbindliche Einführung einer bürgerlichen gesetzlichen Ordnung für eine Stabilisierung revolutionärer Errungenschaften. Andererseits verletzte Napoleons Staatsstreich aber den republikanischen Geist der Revolution, das Prinzip der von gleichberechtigten Bürgern frei gewählten Regierung. In diesem Sinne markiert der 18. Brumaire vielleicht nicht *das*, ganz sicher aber *ein* Ende der Revolution.

3.4 Revolutionäre Gruppen und Klubs

Die *Jakobiner* waren zunächst ein politischer Klub, der im ehemaligen Kloster St. Jakob tagte. Viele Jakobiner, unter ihnen Danton, Robespierre, Marat und Saint-Just, waren rhetorisch sehr gewandt, und so gewann diese Gruppe schnell an Einfluss, vor allem auf die Volksmassen in Paris. Die Jakobiner waren radikale Republikaner, die für die politische Gleichberechtigung aller Bürger eintraten. Sie standen damit im Konflikt mit der insgesamt eher gemäßigten Gruppe der *Girondisten*, die sich von den Jakobinern abgespalten hatte und mit dem König zusammenarbeiten wollte. Die Girondisten hatten mit ihrer gemäßigten Haltung vor allem Rückhalt unter den Bürgern der Provinz. Viele Jakobiner trugen als Zeichen ihrer republikanischen Gesinnung und ihres Freiheitsideals rote Mützen, in der Antike ein Zeichen der Freigelassenen. Vielfach trugen sie statt der im alten Regime modischen halblangen Hosen (frz. *culottes*) die praktischen langen Hosen der einfachen Arbeiter und Handwerker. Die Träger langer Hosen wurden zunächst in verspottender Absicht, dann aber allgemein »Sansculotten« (frz. *sans culottes* ›ohne Kniehosen‹) genannt. Die Girondisten wurden in der Zeit zwischen 1791 und 1794 aufgrund ihrer gemäßigten Haltung gegenüber König und Adel zunehmend zum Feindbild für die radikalen Revolutionäre, insbesondere für die sich um den Publizisten Jacques-René Hébert sammelnden *Hébertisten*. Diese propagierten die Macht und die moralische Überlegenheit der Vernunft gegenüber religiösen Vorstellungen und zielten radikaler als die meisten Jakobiner auf eine Entmachtung der Kirche, u. a. durch eine strikte Trennung von Kirche und Staat. Außerdem ging es ihnen nicht nur um eine politische, sondern auch um eine wirtschaftliche Gleichstellung der Bürger durch Enteignung der Wohlhabenden. Die Hébertisten unterstützten zunächst die Politik des Schreckens durch Hinrichtung politischer Gegner, vor allem der Girondisten. Sie wurden jedoch selbst Opfer des Terrors, als sie es wagten, Robespierre und dem Wohlfahrtsausschuss eine zu gemäßigte Haltung vorzuwerfen. Im März 1794 wurden 20 Hébertisten festgenommen, von denen 19 im November desselben Jahres hingerichtet wurden. Die Bezeichnung *Dantonisten* bezieht sich nicht wie bei den anderen Gruppen auf einen politischen Klub, sondern eher vage auf all diejenigen, die 1794 mit Danton für eine Mäßigung und für einen nachsichtigeren Umgang mit den politischen Gegnern eintraten. Die Bezeichnung reflektiert weniger das Selbstverständnis der Freunde Dantons als vielmehr die Perspektive der politischen Gegner im radikalen Klub der *Cordeliers* und der Anklage, die unter diesem Begriff eine Gruppe von vermeintlichen Feinden der Revolution zusammenfasste.

4. Materialien für die Interpretation

4.1 Einleitung

Die Deutung von *Dantons Tod* erschöpft sich nicht im Verstehen der historischen Anspielungen, sondern sie erfordert Aussagen zum Sinn des Textes. Jenseits der Frage, was Büchner gesagt hat, stehen die abstrakteren Fragen nach dem Warum oder Wozu des Dramas. Um die hierfür notwendige abstrahierende Distanz zu gewinnen, ist es hilfreich, einen Blick in die wissenschaftliche Diskussion über den Text zu werfen. Zur Frage nach dem Sinn oder der Wirkungsabsicht von Büchners Stück finden sich nicht nur viele, sondern auch sehr widersprüchliche Interpretationen. Gedeutet wurde das Drama als Stellungnahme für und gegen die Revolution, teilweise auch als Absage an den Sinn von Politik überhaupt. Den einen ist das Stück eine kritische politische Aussage zur gesellschaftlichen Situation der Zeit, anderen eine philosophische Stellungnahme zum zeitlosen Wesen des Menschen überhaupt. Wieder andere lesen das Drama als Zeugnis für eine Hinwendung zur literarischen Kunst um ihrer selbst willen. Die folgenden Materialien sollen vor diesem Hintergrund mehrere Funktionen erfüllen. Zum einen sollen sie dazu anregen, sich durch Zustimmung oder Ablehnung einzelner Thesen eine eigene Meinung zur Interpretation zu bilden. Zum anderen sollen sie aber auch dabei helfen, die Thesen über den Text durch zusätzliche Informationen über Leben und Werk zu begründen. Neben Bezügen auf den Text selbst können hier u.a. die in Briefen und anderen Schriften überlieferten Aussagen des Autors herangezogen werden. Um diese einordnen und verstehen zu können, wird diesen Dokumenten ein kurzer Lebenslauf Büchners vorangestellt.

4.2 Büchners Leben

1813	17. Oktober. Georg Büchner wird als erstes Kind von Ernst Büchner und Caroline Büchner im südhessischen Goddelau bei Darmstadt geboren. In den folgenden Jahren bekommen die Eltern 7 weitere Kinder. Der Vater ist ein verbeamteter Arzt.
1816	Übersiedlung der Familie nach Darmstadt.
1821	Erster häuslicher Unterricht durch die Mutter.

1822	Unterricht in der Privatschule.
1825	Abschlussprüfung und Eintritt ins Darmstädter Gymnasium; nach einer Prüfung kann Büchner die erste Klasse (Quarta) am Gymnasium überspringen. Während der Schulzeit Aktivität in einem schöngeistig interessierten Schülerzirkel, der sich aber auch mit politischen Ereignissen (Juli-Revolution 1830 in Paris) beschäftigt.
1830	Büchner hält auf Latein eine öffentliche Rede über Cato, in der er den Selbstmord verteidigt.
1831	30. März. Büchner hält auf der Abschlussfeier des Gymnasiums auf Latein eine Rede. 9. November. Büchner schreibt sich in der medizinischen Fakultät der Universität Straßburg ein. 17. November. Erster Besuch im kulturellen und politischen Gesprächskreis »Eugenia«, an dem Büchner mehrfach als Gast teilnimmt und die Diskussion auf die politischen Ereignisse in Deutschland lenkt.
1833	Büchner erfährt vom »Frankfurter Wachensturm«, einem fehlgeschlagenen Versuch, eine Revolution zu entzünden. Einige seiner engeren Schulfreunde waren daran beteiligt, können teilweise untertauchen; einige werden unter schwierigen Bedingungen inhaftiert, teilweise für mehrere Jahre. Büchner bekennt sich in einem Brief an die Familie zur Notwendigkeit eines gewaltsamen Umsturzes (u.a. im Brief an die Familie vom 5. April). Juli. Wanderung durch die Vogesen. Heimliche Verlobung mit Wilhelmine (Minna) Jaegle, der Tochter seines Straßburger Vermieters. 31. Oktober. Einschreibung an der Universität Gießen. Erkrankung und Rückkehr ins Elternhaus.
1834	Aufnahme des Studiums in Gießen. Leiden unter Langeweile und politischem Desinteresse der Kommilitonen. Januar. Selbststudium philosophischer und historischer Schriften, v.a. über die Französische Revolution. März. Gründung der Gießener Sektion der »Gesellschaft der Menschenrechte«. Ende März. Niederschrift der (verschollenen) ersten Fassung des *Hessischen Landboten*. Die zweite Fassung, die später verteilt wird, wird von Friedrich Ludwig Weidig, einem Mitstreiter Büchners in der »Gesellschaft der Menschenrechte«,

so stark überarbeitet (vor allem entschärft), dass Büchner mit dem Ergebnis sehr unzufrieden ist.

April. Gründung der Darmstädter Sektion der »Gesellschaft der Menschenrechte«.

Anfang August. Karl Minnigerode, ein Schulfreund Büchners, wird nach Verrat mit 139 Exemplaren des *Hessischen Landboten* festgenommen. Büchner gelingt es durch sein forsches Auftreten gegenüber den Behörden, einer Verhaftung zu entgehen.

September. Besuch bei der Braut in Straßburg; Lektüre von Standardwerken zur Französischen Revolution.

1835 Januar. Verhöre vor Untersuchungsrichtern. Beginn der Niederschrift von *Dantons Tod*.

Ende Februar. Fertigstellung von *Dantons Tod* und Briefkontakt mit Karl Gutzkow, der Büchner Möglichkeiten eröffnet, mit literarischen Arbeiten Geld zu verdienen.

9. März. Büchner flieht als Exilant von Gießen nach Straßburg.

13. Juni. Büchner wird steckbrieflich gesucht. Auch das Ausland wird aufgefordert, ihn festzunehmen und auszuliefern. Ende Juli erscheint *Dantons Tod* in der von Gutzkow redaktionell betreuten Literaturzeitschrift *Phoenix*. Gutzkow hat das Werk vorher so stark bearbeitet, dass Büchner verärgert über das Maß an Kürzungen, Änderungen und Druckfehlern ist.

Sommer und Herbst. Büchner übersetzt aus finanziellen Gründen zwei Dramen von Victor Hugo, die er nicht besonders schätzt.

Herbst. Büchner beginnt mit Vorarbeiten für seine Novelle *Lenz*.

Winter. Wissenschaftliche Untersuchungen zum Nervensystem von Fischen, das Thema, über das er kurz darauf seine Dissertation schreibt.

1836 Frühjahr. Drei Vorlesungen über das Nervensystem der Fische vor der Gesellschaft für Naturwissenschaften in Straßburg.

Frühsommer. Angeregt durch einen literarischen Wettbewerb, schreibt Büchner das Lustspiel *Leonce und Lena*. Am Wettbewerb nimmt das Stück nicht teil, weil es zwei Tage zu spät eintrifft.

September. Promotion Büchners zum Dr. phil. an der Uni-

versität Zürich auf der Grundlage seiner Untersuchung über das Nervensystem der Fische.
Herbst. Übersiedlung nach Zürich und erste Vorlesungen.
Winter. Büchner schreibt das Drama *Woyzeck*, das er aber nicht mehr beenden kann.

1837 Februar. Büchner erkrankt schwer an »Schwindsucht« (damals ein Sammelbegriff für verschiedene Krankheiten, die mit körperlicher Auszehrung einhergehen; in diesem Fall möglicherweise Typhus). Fieberphantasien von Verfolgung durch Behörden. Besuch der Braut in Zürich.
19. Februar. Tod.
21. Februar. Begräbnis auf dem Züricher Friedhof »Krautgarten«.

1902 Erste Aufführung von *Dantons Tod* in Berlin.

4.3 *Dantons Tod* – (k)eine Aussage zur Revolution? Stimmen der Forschung

Schon die kurze Zusammenfassung der Lebensstationen Büchners vermittelt den Eindruck, dass der Dichter leidenschaftlich auf die politischen Ereignisse seiner Zeit reagierte. Vor diesem Hintergrund überrascht es, dass *Dantons Tod* vor allem im 20. Jahrhundert lebhafte Diskussionen zur politischen Dimension des Stückes provozierte. Zwei Extrempunkte bieten die Positionen von Viëtor auf der einen Seite und Franzos und Lukács auf der anderen. Ergänzt werden Auszüge aus Stellungnahmen dieser drei Interpreten durch Texte von Büchner selbst – einen Auszug aus dem *Hessischen Landboten* und Auszüge aus Briefen. Gerade die politischen Stellungnahmen Büchners sollten nicht missverstanden werden als direkte Aussagen zur Wirkungsabsicht von *Dantons Tod*. Die Aussagen Büchners zur Politik sollen veranschaulichen, welche Konflikte den Autor umtrieben. Sie sind nicht als Ende der Interpretation zu verstehen, sondern als Einstieg in die Diskussion.

4.3.1 *Viëtor*

»Dies Drama hat keine aktivistische Tendenz; es verherrlicht nicht die französische Revolution und überhaupt keine Revolution. Es meint nicht den Zeitgenossen im Menschen, sondern den Menschen im Zeitgenossen; ist nicht unmittelbar an den Willen gerichtet, sondern an die tiefern Schichten in uns, an den religiösen Sinn, das deutende Schauen, das Schicksalsgefühl. ›Dantons Tod‹ ist so untendenziöse, reine Dichtung, die auf ein Überzeitliches, ein allgemein Gültiges zielt, wie ›Wallensteins Tod‹ und ›Maria Stuart‹, ›Egmont‹ und ›Tasso‹, ›Penthesilea‹ und ›Prinz Friedrich von Homburg‹, ›Gyges‹ oder ›Herodes und Mariamne‹. Ist es darin, daß es keine auf ein bestimmtes Ziel gerichtete Gesinnung und Tat empfiehlt oder bekämpft, daß es nicht den Zeitgenossen herausfordert und keine Gegenwart erörtert; sondern hindeutet auf etwas, worauf reine Dichtung immer deutet und das die Zeitgenossen hoher Kulturen ›ewig‹ zu nennen pflegen. [...]

Kann denn dies Drama überhaupt die Absicht haben, die Revolution oder revolutionäres Menschentum zu verherrlichen? Man sehe doch zu: ein geschichtlicher Stoff, der ungeeigneter dazu ist als der hier gewählte, wäre schwer zu finden. Es sind die beiden dunkelsten Wochen der Revolutionszeit, die eigentliche Tragödie in dieser Tragödie. Es ist nun dicht bis an das Äußerste gekommen; die beiden letzten großen Repräsentanten, die Führer, auf denen Hoffnung und Gelingen der krisenhaft verkrampften Revolution sich allein noch gründen kann, treten gegeneinander an. Selbstmord der Revolution! Dies trostlose Ende aller Hoffnungen, dies Wüten der revolutionären Kraft gegen sich selbst, niederdrückendes Schauspiel tragischer Verwirrung oder fatalistischer Sinnlosigkeit, wie man will ... unmöglich vermag es dazu zu dienen, Revolution zu verherrlichen und revolutionären Enthusiasmus zu zeugen. Wenn Büchner noch versucht hätte, den düsteren Ereignissen des Geschichtsverlaufs einen aufhellenden Sinn zu geben! Aber davon kann doch keine Rede sein. Hinter dem Stück tut sich neues Verhängnis auf. Was in der geschichtlichen Wirklichkeit folgte und hier in der Dichtung angekündigt wird, ist Robespierres Fall, das Ende des revolutionären Republikanismus, der Zusammenbruch der neuen Gewalten, die Diktatur des Generals Bonaparte. [...]

Vor allem: die letzte, die religiöse Wahrheit, die Danton auf dem Grund seiner Erlebnisse auffindet und die seinen Willen zerbricht, sie ist eins mit der Wahrheit, auf die Büchner traf, als ihm das Studium der Geschichte der französischen Revolution die Augen für die wahre Artung des Menschen und seine Stellung im Leben öffnete. Er glaubte, daß ein Mensch wie Danton dies Geheimnis auch erblickt haben müsse; er glaubte zu verstehen, daß Dantons Müdewerden, die Lähmung, die seinen Lebenswillen befallen hatte, aus dieser letzten, entscheidenden Erfahrung herkomme. Drum darf Danton aussprechen, was Büchner zutiefst erregt, ohne daß der Dichter fürchten mußte, die geschichtliche Gestalt dadurch zu verfälschen. Sein nachlebendes Verstehen deckte nur in Danton den tiefsten, den religiösen Grund auf, dem die so merkwürdigen Worte und Handlungen des erliegenden Helden entstammen. Ihrer weltanschaulichen Beschaffenheit nach ist diese Wahrheit pessimistisch; – aber die Resignation, die daraus folgt, ist nicht von der sentimentalischen und nicht von der dekadenten Art, sondern hart, heldisch.«

> Karl Viëtor: Die Tragödie des heldischen Pessimismus. Über Büchners Drama »Dantons Tod«. In: Deutsche Vierteljahrsschrift für Literaturwissenschaft und Geistesgeschichte 12 (1934) S. 174–180.

4.3.2 Franzos

»Was seinen politischen Charakter anlangt, so war Büchner noch mehr Sozialist als Republikaner; sein tiefes Mitgefühl für die Leiden des Volkes und sein richtiger Scharfblick hatten ihn damals schon erkennen lassen, dass es sich bei den Stürmen der Zukunft weniger um eine Reform der Gesetze, als um eine solche der Gesellschaft handle. Während er die moralische Verderbtheit der höheren Klassen völlig durchblickte, erkannte er zugleich vorurteilslos die Schwäche der geheimen revolutionären Kräfte und beurteilte damals schon völlig richtig die Unfähigkeit und den Doktrinärismus derjenigen Partei, die sich die ›liberale‹ nennen ließ.«

> Karl Emil Franzos: Einleitung. In: Georg Büchner's Sämmtliche Werke und handschriftlicher Nachlaß. Erste kritische Gesammt-Ausgabe. Frankfurt a. M.: Sauerländer, 1879. S. CLXXIX.

4.3.3 Lukács

»Es ist ohne weiteres verständlich, daß diese Übergangskrise der revolutionären Bewegungen auf dem Kontinent als eine der wichtigsten Fragen die kritische Analyse der Französischen Revolution aufwirft. Hat doch diese nicht nur das Leben des französischen Volkes aufs tiefste aufgewühlt, sondern auch ganz Europa ein anderes Gesicht gegeben; [...] Es ist natürlich, daß dabei zwei völlig entgegengesetzte Anschauungen auftauchen mußten. Einerseits wurde aus der Tatsache, daß diese Erschütterung der Welt die materielle Lage des entstehenden Proletariats nur verschlimmerte, eine Ablehnung einer jeden politisch-demokratischen Revolution gefolgert. [...] Andererseits haben die demokratisch-plebejischen Revolutionäre die Illusion, daß ein konsequentes Zu-Ende-Führen des jakobinischen Terrors von selbst zu einer Erlösung der Massen aus ihrem materiellen Elend führen müßte. [...]

Diese Antinomie liegt als tragischer Widerspruch Büchners ›Dantons Tod‹ zugrunde. In dieser Tragödie wurde also nicht irgendein subjektives Erlebnis eines jungen Menschen (›Enttäuschung‹, ›Verzweiflung‹ usw.) gestaltet; Büchner suchte vielmehr mit dem großen Instinkt eines wirklichen, epochemachenden Tragikers den säkularen Widerspruch seiner Periode im Spiegel der Französischen Revolution darzustellen. [...]

Büchner zeichnet in allen Volksszenen diese tiefe Erbitterung der verelendeten Massen. Und er zeigt zugleich, als großer Realist, daß diese Massen noch kein klares Bewußtsein darüber haben können, in welche zweckmäßigen Handlungen ihre Erbitterung umschlagen könnte. Die Unlösbarkeit der objektiven Widersprüche in der Wirklichkeit (und auch im Kopfe Büchners) spiegelt sich darin, daß die Erbitterung des Volkes noch richtungslos, schwankend ist, von einem Extrem ins andere umschlägt. Als fester Zug bleibt nur die Erbitterung selbst und ein zynisch-aufrichtiges Aussprechen der unmittelbar sichtbaren Ursachen, weshalb die Massen enttäuscht sind. Büchner ist also dichterisch durchaus konsequent, wenn er diese Volksszene mit einem grotesk-realistischen, an Shakespeare geschulten bitteren Humor gestaltet. [...]

Büchner geht nun noch einen Schritt weiter: bei ihm ist die materielle Lage, die aus ihr entspringende geistige und moralische Verfassung des Pariser Volkes der letzte Grund sowohl für den Konflikt zwischen Robespierre und Danton als auch für seinen Ausgang, den Untergang der Anhänger Dantons. [...] Denn jene historisch tragende Bewußtheit, die die hier dargestellte Weltkrise haben konnte, erhielt tatsächlich in den Kämpfen zwischen Robespierre und Danton ihren höchsten Ausdruck. Die noch richtungslose Erbitterung des Volkes steht deshalb zugleich über und unter den sich ›oben‹ abspielenden tragisch-individuellen Kämpfen. Dieser tiefen und richtigen historischen Erkenntnis gab Büchner in seiner originellen, shakespearisierenden und doch über Shakespeares Volksauffassung hinausgehenden chorartigen Gestaltung der gesellschaftlichen Grundlagen eine überwältigende dramatische Form. [...]

Danton widerlegt [...] mit keinem Wort die politische Anschauung Robespierres. Er weicht im Gegenteil einer politischen Auseinandersetzung aus, er hat kein einziges Argument gegen den politischen Vorwurf, gegen die politische Konzeption Robespierres. [...] Danton leitet das Gespräch auf eine Diskussion über die Prinzipien der Moral hinüber und erficht hier als Materialist einen leichten Sieg über die Rousseauschen Moralprinzipien Robespierres. Aber dieser billige Sieg in der Diskussion enthält keine Antwort auf die Zentralfrage der politischen Lage, auf die Frage des Gegensatzes von arm und reich. Büchner zeigt sich hier als geborener Dramatiker, indem er den großen gesellschaftlichen Widerspruch, der auch als unlösbarer Widerspruch in seinen eigenen Gefühlen und Gedanken lebt, in zwei historischen Gestalten – jede mit ihrer notwendigen Größe und mit ihrer notwendigen Borniertheit – verkörpert. [...]

Aber Büchners Danton ist kein reaktionärer Bourgeois. Er spottet zynisch über die Moraltheorie Robespierres – aber er hat (Camille Desmoulins ausgenommen) keine Sympathie für seine Anhänger. Wofür kann er kämpfen? Mit wem soll er kämpfen? Sein Anhänger Lacroix nennt sich selbst einen Schuft; General Dillon will Danton mit einem solchen Anhang befreien: ›Ich werde Leute genug finden, alte Soldaten, Girondisten, Exadelige.‹ Und gerade, daß Büchners Danton einen solchen Kampf mit diesen Verbündeten nicht will, zeigt, daß das Revolutionäre in ihm erhalten blieb.«

> Georg Lukács: Der faschistisch verfälschte und der wirkliche Georg Büchner. In: Ders.: Deutsche Literatur in zwei Jahrhunderten. Neuwied/Berlin: Luchterhand, 1964. S. 256–261.

4.4 Politische Aussagen von Georg Büchner

4.4.1 Aus einem Brief an die Familie, Straßburg, den 5. April 1833

Büchner antwortet auf den Brief der Familie, in dem diese über den Frankfurter Wachensturm (s. 4.2 »Büchners Leben«, S. 106 ff.) berichtet:

Straßburg, den 5. April 1833.
[*Frühestens 6. April 1833*]

»Heute erhielt ich Euren Brief mit den Erzählungen aus Frankfurt. Meine Meinung ist die: Wenn in unserer Zeit etwas helfen soll, so ist es Gewalt. Wir wissen, was wir von unseren Fürsten zu erwarten haben. Alles, was sie bewilligen, wurde ihnen durch die Notwendigkeit abgezwungen. Und selbst das Bewilligte wurde uns hingeworfen, wie eine erbettelte Gnade und ein elendes Kinderspielzeug, um dem ewigen Maulaffen Volk seine zu eng geschnürte Wickelschnur vergessen zu machen. Es ist eine blecherne Flinte und ein hölzerner Säbel, womit nur ein Deutscher die Abgeschmacktheit begehen konnte, Soldatchens zu spielen. Unsere Landstände sind eine Satyre auf die gesunde Vernunft, wir können noch ein Säculum damit herumziehen, und wenn wir die Resultate dann zusammennehmen, so hat das Volk die schönen Reden seiner Vertreter noch immer teurer bezahlt, als der römische Kaiser, der seinem Hofpoeten für zwei gebrochene Verse 20,000 Gulden geben ließ. Man wirft den jungen Leuten den Gebrauch der Gewalt vor. Sind wir denn aber nicht in einem ewigen Gewaltzustand? Weil wir in Kerker geboren und großgezogen sind, merken wir nicht mehr, dass wir im Loch stecken mit angeschmiedeten Händen und Füßen und einem Knebel im Munde. Was nennt Ihr denn gesetzlichen Zustand? Ein Gesetz, das die große Masse der Staatsbürger zum frohnenden Vieh macht, um die unnatürlichen Bedürfnisse einer unbedeutenden und verdorbenen Minderzahl zu befriedigen? Und dies Gesetz, unterstützt durch eine rohe Militärgewalt und durch die dumme Pfiffigkeit seiner Agenten, dies Gesetz ist eine ewige, rohe Gewalt, angetan dem Recht und der gesunden Vernunft, und ich werde mit Mund und Hand dagegen kämpfen, wo ich kann. Wenn ich an dem, was geschehen, keinen Teil genommen und an dem, was vielleicht geschieht, keinen Teil nehmen werde, so geschieht es weder aus Missbilligung, noch aus Furcht, sondern nur weil ich im gegenwärtigen Zeitpunkt jede revolutionäre Bewegung als eine vergebliche Unternehmung betrachte und nicht die Verblendung Derer teile, welche in den Deutschen ein zum Kampf für sein Recht bereites Volk sehen. Diese tolle Meinung führte die Frankfurter Vorfälle herbei, und der Irrtum büßte sich schwer. Irren ist übrigens keine Sünde, und die deutsche Indifferenz ist wirklich von der Art, dass sie alle Berechnung zu Schanden macht. Ich bedaure die Unglücklichen von Herzen. Sollte keiner von meinen Freunden in die Sache verwickelt sein? […]«

Georg Büchner: Die Briefe. Hrsg. von Ariane Martin.
Stuttgart: Reclam, 2011. S. 11 f.

4.4.2 Georg Büchner und Friedrich Ludwig Weidig, Der Hessische Landbote

Der *Hessische Landbote* ist Büchners einzige veröffentlichte politische Schrift, die er zunächst selbstständig verfasste, die dann aber durch Mitstreiter in der Gesellschaft der Menschenrechte, vor allem von Weidig, stark überarbeitet wurde.

»Friede den Hütten! Krieg den Palästen!

Im Jahr 1834 siehet es aus, als würde die Bibel Lügen gestraft. Es sieht aus, als hätte Gott die Bauern und Handwerker am 5ten Tage, und die Fürsten und Vornehmen am 6ten gemacht, und als hätte der Herr zu diesen gesagt: Herrschet über alles Getier, das auf Erden kriecht, und hätte die Bauern und Bürger zum Gewürm gezählt. Das Leben der Vornehmen ist ein langer Sonntag, sie wohnen in schönen Häusern, sie tragen zierliche Kleider, sie haben feiste Gesichter und reden eine eigne Sprache; das Volk aber liegt vor ihnen wie Dünger auf dem Acker. Der Bauer geht hinter dem Pflug, der Vornehme aber geht hinter ihm und dem Pflug und treibt ihn mit den Ochsen am Pflug, er nimmt das Korn und lässt ihm die Stoppeln. Das Leben des Bauern ist ein langer Werktag; Fremde verzehren seine Äcker vor seinen Augen, sein Leib ist eine Schwiele, sein Schweiß ist das Salz auf dem Tische des Vornehmen. [...]

Im Jahr 1789 war das Volk in Frankreich müde, länger die Schindmähre seines Königs zu sein. Es erhob sich und berief Männer, denen es vertraute, und die Männer traten zusammen und sagten, ein König sei ein Mensch wie ein anderer auch, er sei nur der erste Diener im Staat, er müsse sich vor dem Volk verantworten und wenn er sein Amt schlecht verwalte, könne er zur Strafe gezogen werden. Dann erklärten sie die Rechte des Menschen: ›Keiner erbt vor dem andern mit der Geburt ein Recht oder einen Titel, keiner erwirbt mit dem Eigentum ein Recht vor dem andern. Die höchste Gewalt ist in dem Willen Aller oder der Mehrzahl. Dieser Wille ist das Gesetz, er tut sich kund durch die Landstände oder die Vertreter des Volks, sie werden von Allen gewählt und Jeder kann gewählt werden; diese Gewählten sprechen den Willen ihrer Wähler aus, und so entspricht der Wille der Mehrzahl unter ihnen dem Willen der Mehrzahl unter dem Volke; der König hat nur für die Ausübung der von ihnen erlassenen Gesetze zu sorgen.‹ Der König schwur dieser

Verfassung treu zu sein, er wurde aber meineidig an dem Volke und das Volk richtete ihn, wie es einem Verräter geziemt. Dann schafften die Franzosen die erbliche Königswürde ab und wählten frei eine neue Obrigkeit, wozu jedes Volk nach der Vernunft und der heiligen Schrift das Recht hat. Die Männer, die über die Vollziehung der Gesetze wachen sollten, wurden von der Versammlung der Volksvertreter ernannt, sie bildeten die neue Obrigkeit. So waren Regierung und Gesetzgeber vom Volk gewählt und Frankreich war ein Freistaat. [...]

Hebt die Augen auf und zählt das Häuflein eurer Presser, die nur stark sind durch das Blut, das sie euch aussaugen und durch eure Arme, die ihr ihnen willenlos leihet. Ihrer sind vielleicht 10,000 im Großherzogtum und Eurer sind es 700,000 und also verhält sich die Zahl des Volkes zu seinen Pressern auch im übrigen Deutschland. Wohl drohen sie mit dem Rüstzeug und den Reisigen der Könige, aber ich sage euch: Wer das Schwert erhebt gegen das Volk, der wird durch das Schwert des Volkes umkommen. Deutschland ist jetzt ein Leichenfeld, bald wird es ein Paradies sein. Das deutsche Volk ist Ein Leib ihr seid ein Glied dieses Leibes. Es ist einerlei, wo die Scheinleiche zu zucken anfängt. Wann der Herr euch seine Zeichen gibt durch die Männer, durch welche er die Völker aus der Dienstbarkeit zur Freiheit führt, dann erhebet euch und der ganz Leib wird mit euch aufstehen.

Ihr bücktet euch lange Jahre in den Dornäckern der Knechtschaft, dann schwitzt ihr einen Sommer im Weinberge der Freiheit, und werdet frei sein bis ins tausendste Glied.

Ihr wühltet ein langes Leben die Erde auf, dann wühlt ihr euren Tyrannen ein Grab. Ihr bautet die Zwingburgen, dann stürzt ihr sie, und bauet der Freiheit Haus. Dann könnt ihr eure Kinder frei taufen mit dem Wasser des Lebens. Und bis der Herr euch ruft durch seine Boten und Zeichen, wachet und rüstet euch im Geiste und betet ihr selbst und lehrt eure Kinder beten: ›Herr, zerbrich den Stecken unserer Treiber und lass dein Reich zu uns kommen, das Reich der Gerechtigkeit. Amen.‹«

Georg Büchner / Friedrich Ludwig Weidig: Der Hessische Landbote.
Studienausgabe. Hrsg. von Gerhard Schaub. Stuttgart: Reclam, 1996 [u. ö.].
S. 6–8, 22, 36.

4.4.3 Der Fatalismus der Geschichte: ein Brief an die Braut

Hintergrund des Briefes ist die unfreiwillige Verlegung seines Studienortes von Straßburg nach Gießen, wo Büchner neben der Geliebten auch die politisch interessierten Freunde vermisst. In dieser Zeit liest er vor allem grundlegende Werke über die Französische Revolution, die er dann in *Dantons Tod* einarbeiten wird.

»[*Gießen, Januar 1834*]

Hier ist kein Berg, wo die Aussicht frei sei. Hügel hinter Hügel und breite Täler, eine hohle Mittelmäßigkeit in Allem; ich kann mich nicht an diese Natur gewöhnen, und die Stadt ist abscheulich. […] Ich studierte die Geschichte der Revolution. Ich fühlte mich wie zernichtet unter dem grässlichen Fatalismus der Geschichte. Ich finde in der Menschennatur eine entsetzliche Gleichheit, in den menschlichen Verhältnissen eine unabwendbare Gewalt, Allen und Keinem verliehen. Der Einzelne nur Schaum auf der Welle, die Größe ein bloßer Zufall, die Herrschaft des Genies ein Puppenspiel, ein lächerliches Ringen gegen ein ehernes Gesetz, es zu erkennen das Höchste, es zu beherrschen unmöglich. Es fällt mir nicht mehr ein, vor den Paradegäulen und Eckstehern der Geschichte mich zu bücken. Ich gewöhnte mein Auge ans Blut. Aber ich bin kein Guillotinenmesser. Das muss ist eins von den Verdammungsworten, womit der Mensch getauft worden. Der Ausspruch: es muss ja Ärgernis kommen, aber wehe dem, durch den es kommt, – ist schauderhaft. Was ist das, was in uns lügt, mordet, stiehlt? Ich mag dem Gedanken nicht weiter nachgehen. Könnte ich aber dies kalte und gemarterte Herz an deine Brust legen! […] Ich verwünsche meine Gesundheit. Ich glühte, das Fieber bedeckte mich mit Küssen und umschlang mich wie der Arm der Geliebten. Die Finsternis wogte über mir, mein Herz schwoll in unendlicher Sehnsucht, es drangen Sterne durch das Dunkel, und Hände und Lippen bückten sich nieder. Und jetzt? Und sonst? Ich habe nicht einmal die Wollust des Schmerzes und des Sehnens. Seit ich über die Rheinbrücke ging, bin ich wie in mir vernichtet, ein einzelnes Gefühl taucht nicht in mir auf. Ich bin ein Automat; die Seele ist mir genommen. […]«

Georg Büchner: Die Briefe. Hrsg. von Ariane Martin. Stuttgart: Reclam, 2011. S. 53 f.

4.4.4 Ein Brief an Karl Gutzkow

»[Straßburg, September oder Oktober 1835]

Die ganze Revolution hat sich schon in Liberale und Absolutisten geteilt und muss von der ungebildeten und armen Klasse aufgefressen werden; das Verhältnis zwischen Armen und Reichen ist das einzige revolutionäre Element in der Welt, der Hunger allein kann die Freiheitsgöttin und nur ein Moses, der uns die sieben ägyptischen Plagen auf den Hals schickte, könnte ein Messias werden. Mästen Sie die Bauern, und die Revolution bekommt die Apoplexie. Ein Huhn im Topf jedes Bauern macht den gallischen Hahn verenden.«

Georg Büchner: Die Briefe. Hrsg. von Ariane Martin.
Stuttgart: Reclam, 2011. S. 74.

4.5 Büchners Verhältnis zu den Idealen der deutschen Klassik

Neben der Frage, ob und wie *Dantons Tod* als Aussage zu Politik und Revolution zu verstehen ist, stellt sich auch die Frage nach dem Verhältnis des Textes zu anderen Auffassungen von Sinn und Form der literarischen Darstellung, besonders historischer Themen. Schon im Stück selbst wird zwischen den Figuren erörtert, ob ein Künstler wie Jacques-Louis David auch unangenehme und moralisch anstößige Gegenstände ungeschminkt als solche darstellen dürfe oder solle (s. 38,21–25). Die folgenden Materialien lassen sich daneben vor allem auch auf die Figurenzeichnung im Stück beziehen, auf die derbe Zeichnung der Revolutionäre (z. B. S. 5f., S. 25–30, S. 64) auf der einen Seite und auf die von den historischen Lebensläufen abweichende Darstellung der Frauenfiguren auf der anderen.

Ein auffälliger Zug des Stücks ist die Fülle der derben Ausdrücke, die oft zotige Thematisierung des Sexuellen. Die hier versammelten Materialien zeigen, dass damit nicht einfach eine persönliche Besessenheit des Autors zum Ausdruck kommt, sondern auch die »unschönen« Stellen als Hinweis auf ein klar überlegtes Konzept von Wesen und Aufgabe der Dichtung gedeutet werden können. Bedeutsam sind hier einmal die wenigen poetologischen Aussagen Büchners in einigen Briefen an die Familie, die auch belegen, dass dem Autor die Wortwahl durchaus wichtig war. Zum anderen veranschaulichen einige theoretische und literarische Textauszüge aus zwei Schriften Schillers, von welcher Vorstellung von Dichtung sich Büchner mit seiner Konzeption offenbar abzugrenzen versuchte.

4.5.1 »Die sogenannte Unsittlichkeit meines Buches«: zwei Briefe Büchners an die Familie

»Straßburg, den 5. Mai 1835.

[...] Dass Mehreres aus meinem Drama im Phönix erschienen ist, hatte ich durch ihn erfahren, er versicherte mich auch, dass das Blatt viel Ehre damit eingelegt habe. Das Ganze muss bald erscheinen. Im Fall es euch zu Gesicht kommt, bitte ich euch, bei eurer Beurteilung vorerst zu bedenken, dass ich der Geschichte treu bleiben und die Männer der Revolution geben musste, wie sie waren, blutig, liederlich, energisch und zynisch. Ich betrachte mein Drama wie ein geschichtliches Gemälde, das seinem Original gleichen muss. [...]«

Georg Büchner: Die Briefe. Hrsg. von Ariane Martin.
Stuttgart: Reclam, 2011. S. 27 f.

»Straßburg, 28. Juli 1835.

[...] Über mein Drama muss ich einige Worte sagen: erst muss ich bemerken, dass die Erlaubnis, einige Änderungen machen zu dürfen, allzusehr benutzt worden ist. Fast auf jeder Seite weggelassen, zugesetzt, und fast immer auf die dem Ganzen nachteiligste Weise. Manchmal ist der Sinn ganz entstellt oder ganz und gar weg, und fast platter Unsinn steht an der Stelle. Außerdem wimmelt das Buch von den abscheulichsten Druckfehlern. Man hatte mir keinen Korrekturbogen zugeschickt. Der Titel ist abgeschmackt, und mein Name steht darauf, was ich ausdrücklich verboten hatte; er steht außerdem nicht auf dem Titel meines Manuskripts. Außerdem hat mir der Korrektor einige Gemeinheiten in den Mund gelegt, die ich in meinem Leben nicht gesagt haben würde. [...] Was übrigens die sogenannte Unsittlichkeit meines Buchs angeht, so habe ich Folgendes zu antworten: der dramatische Dichter ist in meinen Augen nichts, als ein Geschichtschreiber, steht aber über Letzterem dadurch, dass er uns die Geschichte zum zweiten Mal erschafft und uns gleich unmittelbar, statt eine trockne Erzählung zu geben, in das Leben einer Zeit hinein versetzt, uns statt Charakteristiken Charaktere, und statt Beschreibungen Gestalten gibt. Seine höchste Aufgabe ist, der Geschichte, wie sie sich wirklich begeben, so nahe als möglich zu kommen. Sein Buch darf weder sittlicher noch unsittlicher sein, als die Geschichte selbst; aber die Geschichte ist vom lieben Herrgott nicht zu einer Lektüre für junge Frauenzimmer geschaffen worden, und da ist es mir auch nicht übel zu nehmen, wenn mein Drama ebensowenig dazu geeignet ist. Ich kann doch aus einem Danton und den Banditen der Revolution nicht Tugendhelden machen! Wenn ich ihre Liederlichkeit schildern wollte, so musste ich sie eben liederlich sein, wenn ich ihre Gottlosigkeit zeigen wollte, so musste ich sie eben wie Atheisten sprechen lassen. Wenn einige unanständige Ausdrücke vorkommen, so denke man an die weltbekannte, obszöne Sprache der damaligen Zeit, wovon das, was ich meine Leute sagen lasse, nur ein schwacher Abriss ist. Man könnte mir nur noch vorwerfen, dass ich einen solchen Stoff gewählt hätte. Aber der Einwurf ist längst widerlegt. Wollte man ihn gelten lassen, so müssten die größten Meisterwerke der Poesie verworfen werden. Der Dichter ist kein Lehrer der Moral, er erfindet und schafft Gestalten, er macht vergangene Zeiten wieder aufleben, und die Leute mögen dann daraus lernen, so gut, wie aus dem Studium der Geschichte und der Beobachtung dessen, was im menschlichen Leben um sie herum vorgeht. Wenn man so wollte, dürfte man keine Geschichte studieren, weil sehr viele unmoralische Dinge darin erzählt werden, müsste mit verbundenen Augen über die Gasse gehen, weil man sonst Unanständigkeiten sehen könnte, und müsste über einen Gott Zeter schreien, der eine Welt erschaffen, worauf so viele Liederlichkeiten vorfallen. Wenn man mir übrigens noch sagen wollte, der Dichter müsse die Welt nicht zeigen wie sie ist, sondern wie sie sein solle, so antworte ich, dass ich es nicht besser machen will, als der liebe Gott, der die Welt gewiss gemacht hat, wie sie sein soll. Was noch die sogenannten Idealdichter anbetrifft, so finde ich, dass sie fast nichts als Marionetten mit himmelblauen Nasen und affektiertem Pathos, aber nicht Menschen von Fleisch und Blut gegeben haben, deren Leid und Freude mich mitempfinden macht, und deren Tun und Handeln mir Abscheu oder Bewunderung einflößt. Mit einem Wort, ich halte viel auf Goethe und Shakespeare, aber sehr wenig auf Schiller. Dass übrigens noch die ungünstigsten Kritiken erscheinen werden, versteht sich von selbst; denn die Regierungen müssen doch durch ihre bezahlten Schreiber beweisen lassen, dass ihre Gegner Dummköpfe oder unsittliche Menschen sind. Ich halte übrigens mein Werk keineswegs für vollkommen, und werde jede wahrhaft ästhetische Kritik mit Dank annehmen. [...]«

<small>Georg Büchner: Die Briefe. Hrsg. von Ariane Martin.
Stuttgart: Reclam, 2011. S. 32–34.</small>

4.5.2 Friedrich Schiller, »Über das Pathetische«

»Aus diesem Grunde verstehen sich diejenigen Künstler und Dichter sehr schlecht auf ihre Kunst, welche das Pathos, durch die bloße sinnliche Kraft des Affekts und die höchstlebendigste Schilderung des Leidens, zu erreichen glauben. Sie vergessen, dass das Leiden selbst nie der letzte Zweck der Darstellung und nie die unmittelbare Quelle des Vergnügens sein kann, das wir am Tragischen empfinden. Das Pathetische ist nur ästhetisch, in so fern es erhaben ist. Wirkungen aber, welche bloß auf eine sinnliche Quelle schließen lassen, und bloß in der Affektion des Gefühlvermögens gegründet sind, sind niemals erhaben, wieviel Kraft sie auch verraten mögen: denn alles Erhabene stammt nur aus der Vernunft.

Eine Darstellung der bloßen Passion (sowohl der wollüstigen als der peinlichen) ohne Darstellung der übersinnlichen Widerstehungskraft heißt gemein, das Gegenteil heißt edel. Gemein und edel sind Begriffe, die überall, wo sie gebraucht werden, eine Beziehung auf den Anteil oder Nichtanteil der übersinnlichen Natur des Menschen an einer Handlung oder an einem Werke bezeichnen. Nichts ist edel als was aus der Vernunft quillt; alles was die Sinnlichkeit für sich hervorbringt, ist gemein. Wir sagen von einem Menschen, er handle gemein, wenn er bloß den Eingebungen seines sinnlichen Triebes folgt, er handle anständig, wenn er seinem Trieb nur mit Rücksicht auf Gesetze folgt, er handle edel, wenn er bloß der Vernunft, ohne Rücksicht auf seine Triebe folgt. Wir nennen eine Gesichtsbildung gemein, wenn sie die Intelligenz im Menschen durch gar nichts kenntlich macht, wir nennen sie sprechend, wenn der Geist die Züge bestimmte, und edel, wenn ein reiner Geist die Züge bestimmte. Wir nennen ein Werk der Architektur gemein, wenn es uns keine andre als physische Zwecke zeigt, wir nennen es edel, wenn es, unabhängig von allen physischen Zwecken, zugleich Darstellung von Ideen ist.«

<small>Friedrich Schiller: Über das Pathetische. in: Ders.: Vom Pathetischen und Erhabenen. Schriften zur Dramentheorie. Hrsg. von Klaus L. Berghahn.
Stuttgart: Reclam, 2009. S. 74 f.</small>

4.5.3 »Edles« und »Gemeines« im Widerstreit: Auszug aus Schillers Wilhelm Tell

Um zu illustrieren (und zu prüfen), wie konsequent Schiller sein Ideal der pathetischen Dichtung umsetzt, sei hier eine berühmte Szene aus *Wilhelm Tell* zitiert. Aufschlussreich für den Vergleich mit Büchners Stück ist zum einen inhaltlich die Darstellung des inneren Konflikts zwischen Sinnlichkeit und vernunftgeleiteter Willenskraft und zum anderen sprachlich die Wortwahl Tells. Folgende Szenen in *Dantons Tod* laden besonders zum Vergleich mit Schillers Stilisierung des Tell ein: I,1 (Bordellszene); I,6 (Monolog Robespierres), II,1 (Danton im Gespräch), II,4 (Monolog Dantons), III,4 (Dantons Verteidigungsrede).

4. Aufzug, 3. Szene:

Die hohle Gasse bei Küßnacht.
Man steigt von hinten zwischen Felsen herunter, und die Wanderer werden, ehe sie auf der Szene erscheinen, schon von der Höhe gesehen. Felsen umschließen die ganze Szene; auf einem der vordersten ist ein Vorsprung mit Gesträuch bewachsen.

TELL *(tritt auf mit der Armbrust)*.
Durch diese hohle Gasse muss er kommen,
Es führt kein andrer Weg nach Küßnacht – Hier
Vollend ich's – Die Gelegenheit ist günstig.
Dort der Holunderstrauch verbirgt mich ihm,
Von dort herab kann ihn mein Pfeil erlangen, 2565
Des Weges Enge wehret den Verfolgern.
Mach deine Rechnung mit dem Himmel, Vogt,
Fort musst du, deine Uhr ist abgelaufen.

Ich lebte still und harmlos – Das Geschoss
War auf des Waldes Tiere nur gerichtet, 2570
Meine Gedanken waren rein von Mord –
Du hast aus meinem Frieden mich heraus
Geschreckt, in gärend Drachengift hast du
Die Milch der frommen Denkart mir verwandelt,
Zum Ungeheuren hast du mich gewöhnt – 2575

Wer sich des Kindes Haupt zum Ziele setzte,
Der kann auch treffen in das Herz des Feinds.

Die armen Kindlein, die unschuldigen,
Das treue Weib muss ich vor deiner Wut
Beschützen, Landvogt. – Da, als ich den Bogenstrang   2580
Anzog – als mir die Hand erzitterte –
Als du mit grausam teufelischer Lust
Mich zwangst, aufs Haupt des Kindes anzulegen –
Als ich ohnmächtig flehend rang vor dir,
Damals gelobt' ich mir in meinem Innern   2585
Mit furchtbarm Eidschwur, den nur Gott gehört,
Dass meines nächsten Schusses erstes Ziel
Dein Herz sein sollte – Was ich mir gelobt
In jenes Augenblickes Höllenqualen,
Ist eine heil'ge Schuld, ich will sie zahlen.   2590

Du bist mein Herr und meines Kaisers Vogt,
Doch nicht der Kaiser hätte sich erlaubt,
Was du – Er sandte dich in diese Lande,
Um Recht zu sprechen – strenges, denn er zürnet –
Doch nicht, um mit der mörderischen Lust   2595
Dich jedes Greuels straflos zu erfrechen:
Es lebt ein Gott, zu strafen und zu rächen.

Komm du hervor, du Bringer bittrer Schmerzen,
Mein teures Kleinod jetzt, mein höchster Schatz –
Ein Ziel will ich dir geben, das bis jetzt   2600
Der frommen Bitte undurchdringlich war –
Doch dir soll es nicht widerstehn – Und du,
Vertraute Bogensehne, die so oft
Mir treu gedient hat in der Freude Spielen,
Verlass mich nicht im fürchterlichen Ernst.   2605
Nur jetzt noch halte fest, du treuer Strang,
Der mir so oft den herben Pfeil beflügelt –
Entränn er jetzo kraftlos meinen Händen,
Ich habe keinen zweiten zu versenden.

Friedrich Schiller: Wilhelm Tell. Schauspiel. Mit Anm. von Josef Schmidt.
Stuttgart: Reclam, 2000 [u. ö.]. V. 2561–2609.

4.6 Büchners Nutzung der historischen Quellen

Büchners Drama weicht nicht nur durch das Menschenbild vom Ideal der Klassik ab, sondern auch durch die Darstellung, durch die Art und Weise, wie historische Quellen in das literarische Werk eingebaut werden. Aufschlussreich sind insbesondere die ausführlichen Zitate aus historischen Quellen, die Büchner für sein Werk nicht nur als Informationsquelle nutzte, sondern unmittelbar als Steinbruch für seinen Text. Neben Adolphe Thiers' *Geschichte der Französischen Revolution*, die Büchner im französischen Original las, wurde das Bild von der Revolution zu Büchners Zeit vor allem durch die Darstellung in der Zeitschrift *Unsere Zeit* [U.Z.] geprägt. Artikel über die Revolution, die in dieser Zeitschrift erschienen, wurden in Büchners Elternhaus regelmäßig laut vorgelesen. Der Vergleich mit den historischen Quellen provoziert die Frage nach dem Sinn der Zitate. Wird der Text durch die Nähe zur historischen Darstellung glaubwürdiger? Wird die poetische Kraft dadurch geschwächt oder durch ein neues Kompositionsverfahren gestärkt?

4.6.1 Dantons Tod *und Passagen aus der Zeitschrift* Unsere Zeit

Erster Akt

[Dritte Szene]

ROBESPIERRE. [...] Sie parodierte das erhabne Drama der Revolution, um dieselbe durch studierte Ausschweifungen bloßzustellen.	U. Z. XII, 45: Nein; es ist weit bequemer, die Maske des Patriotismus anzunehmen, um durch unverschämte Parodien das erhabene Drama der Revolution zu entstellen, um die Sache der Freiheit durch eine heuchlerische Mäßigung oder durch studierte Ausschweifungen bloßzustellen.
Die Waffe der Republik ist der Schrecken, die Kraft der Republik ist die Tugend – die Tugend, weil ohne sie der Schrecken verderblich, der Schrecken, weil ohne ihn die Tugend ohnmächtig ist. Der Schrecken ist ein	U. Z. XII, 34 f.: Ist die Triebfeder der Volksregierung im Frieden die Tugend, so ist die Triebfeder der Volksregierung in einer Revolution zugleich die Tugend und der Schrecken: die Tugend, weil ohne sie der Schrecken

Ausfluss der Tugend, er ist nichts anders als die schnelle, strenge und unbeugsame Gerechtigkeit. Sie sagen, der Schrecken sei die Waffe einer despotischen Regierung, die unsrige gliche also dem Despotismus. Freilich! aber so, wie das Schwert in den Händen eines Freiheitshelden dem Säbel gleicht, womit der Satellit des Tyrannen bewaffnet ist. Regiere der Despot seine tierähnlichen Untertanen durch den Schrecken, er hat recht als Despot; zerschmettert durch den Schrecken die Feinde der Freiheit, und ihr habt als Stifter der Republik nicht minder recht. Die Revolutionsregierung ist der Despotismus der Freiheit gegen die Tyrannei.

Erbarmen mit den Royalisten! rufen gewisse Leute. Erbarmen mit Bösewichtern? Nein! Erbarmen für die Unschuld, Erbarmen für die Schwäche, Erbarmen für die Unglücklichen, Erbarmen für die Menschheit! Nur dem friedlichen Bürger gebührt von seiten der Gesellschaft Schutz.
In einer Republik sind nur Republikaner Bürger, Royalisten und Fremde sind Feinde.
Die Unterdrücker der Menschheit bestrafen, ist Gnade; ihnen verzeihen Barbarei.

verderblich, der Schrecken, weil ohne denselben die Tugend ohnmächtig ist. Der Schrecken ist nichts anders, als die schnelle, strenge und unbeugsame Gerechtigkeit. [...] Man sagt, der Schrecken sei eine Triebfeder der despotischen Regierung. Die unsrige gliche also dem Despotismus? Freilich, aber so wie das Schwert in den Händen eines Freiheitshelden einem Säbel gleicht, womit der Satellit der Tyrannei bewaffnet ist. Regiere der Despot seine tierähnlichen Untertanen durch den Schrecken; er hat Recht als Despot. Beherrscht durch den Schrecken die Feinde der Freiheit, und ihr habt als Stifter der Republik nicht minder Recht. Die Revolutionsregierung ist der Despotismus der Freiheit gegen die Tyrannei.
U. Z. XII, 36: Erbarmen mit den Royalisten! rufen gewisse Leute. Erbarmen mit Bösewichtern? Nein! Gnade gegen die Unschuld, Gnade gegen die Schwachen, Gnade gegen die Unglücklichen, Gnade gegen die Menschheit! Nur den friedlichen Bürgern gebührt von Seiten der Gesellschaft Schutz. In einer Republik sind nur Republikaner Bürger. Royalisten und Fremde sind Feinde.
U. Z. XII, 39: Die Unterdrücker der Menschheit bestrafen, ist Gnade; ihnen verzeihen, ist Barbarei.

[Dritte Szene] Ein Zimmer DANTON. Und die Künstler gehn mit der Natur um wie David, der im September die Gemordeten, wie sie aus der Force auf die Gasse geworfen wurden, kaltblütig zeichnete und sagte: ich erhasche die letzten Zuckungen des Lebens in diesen Bösewichtern.	U. Z. XII, 121: David, sein ehemaliger Amtsgenosse und Freund, sah ihn [Danton] hinrichten, mit eben der Ruhe, womit er am 3. September die aus der Mordhöhle la Force geworfenen Sterbenden zeichnete, und dem Deputierten Reboul, welcher ihm darüber Vorwürfe machte, zur Antwort gab: »Ich erhasche die letzten Bewegungen der Natur in diesen Bösewichtern.«
Sie wollen meinen Kopf; meinetwegen. Ich bin der Hudeleien überdrüssig. Mögen sie ihn nehmen. Was liegt daran? Ich werde mit Mut zu sterben wissen.	U. Z. XII, 123: »Sie wollen meinen Kopf«, sagte er, »nun gut, ich bin der Hudeleien überdrüssig. Mögen Sie ihn nehmen. Was liegt daran? Ich werde mit Mut zu sterben wissen.«

4.6.2 Dichterische Freiheit? Die Frauengestalten zwischen Geschichte und Dichtung

Neben der großen Nähe des Dramas zu den bekannten historischen Fakten ist es auffällig, dass Büchners Text an einigen Stellen von historischen Tatsachen abweicht. Insbesondere gilt dies für die Darstellung der Frauengestalten (s. Anm. zu 3, S. 94 f.). Diese Abweichungen lassen sich kaum einfach als Nachlässigkeiten erklären, sondern provozieren die Frage nach dem dichterischen Sinn. Auch an dieser Stelle lohnt ein Blick auf Schillers Thesen über die Freiheit der Dichtung, zu denen Büchner sich sonst eher kritisch verhält (s. Kap. 4.5). Schillers Position lässt sich zum einen auf die Darstellung der Frauen im Stück beziehen, sollte aber auch verglichen werden mit Büchners programmatischen Aussagen zur Dichtung (Kap. 4.5.1).

»Es ist also bloß die vorgestellte Möglichkeit eines absolut freien Wollens, wodurch die wirkliche Ausübung desselben unserm ästhetischen Sinn gefällt.

Noch mehr wird man sich davon überzeugen, wenn man nachdenkt, wie wenig die poetische Kraft des Eindrucks, den sittliche Charaktere oder Handlungen auf uns machen, von ihrer historischen Realität abhängt. Unser Wohlgefallen an idealischen Charakteren verliert nichts durch die Erinnerung, dass sie poetische Fiktionen sind, denn es ist die poetische, nicht die historische Wahrheit, auf welche alle ästhetische Wirkung sich gründet. Die poetische Wahrheit besteht aber nicht darin, dass etwas wirklich geschehen ist, sondern darin, dass es geschehen konnte, also in der innern Möglichkeit der Sache. Die ästhetische Kraft muss also schon in der vorgestellten Möglichkeit liegen.

Selbst an wirklichen Begebenheiten historischer Personen ist nicht die Existenz, sondern das durch die Existenz kund gewordene Vermögen das poetische. Der Umstand, dass diese Personen wirklich lebten, und dass diese Begebenheiten wirklich erfolgten, kann zwar sehr oft unser Vergnügen vermehren, aber mit einem fremdartigen Zusatz, der dem poetischen Eindruck vielmehr nachteilig als beförderlich ist.«

> Friedrich Schiller: Über das Pathetische. in: Ders.: Vom Pathetischen und Erhabenen. Schriften zur Dramentheorie. Hrsg. von Klaus L. Berghahn. Stuttgart: Reclam, 2009. S. 94f.

4.7 Warum inszeniert man *Dantons Tod* im 21. Jahrhundert? Kommentar zu den leitenden Ideen einer neueren Inszenierung

Anlässlich einer Neuinszenierung 2011 am Schauspielhaus in Stuttgart begründete die Dramaturgin, Beate Seidel, ihre Sicht auf die Relevanz des Stücks in der Gegenwart:

»Der politische Mord innerhalb einer Machtclique zum Zwecke des Machterhalts steht im Zentrum unserer Inszenierung. Kommunikation mit der ›Straße‹ (dem ›Volk‹, das von politischen Akteuren im Stück als ein einheitlicher Körper beschrieben wird) findet nur noch über Medien statt. Die Antwort auf die Frage, wer das Volk eigentlich ist, von dem im Stück so oft und gern gesprochen wird, bleibt diffus. Das Verhältnis von Zivilgesellschaft und Staat ist gestört.

Umfragebarometer, Meinungsumfragen, Beliebtheitsstatistiken bestimmen die nächsten politischen Schritte. Die sich dahinter verbergen, treten nicht mehr in Erscheinung. Die Debatte um Sinn und Unsinn (revolutionärer) Tagespolitik wird abgeschottet hinter geschlossenen Türen geführt. Es ist der politische Marathon einer Führungselite, der 72 Stunden währt und an dessen Ende sich die Machtverhältnisse innerhalb derselben neu konstituieren. [...]

Dantons Tod ist die Beschreibung eines gesellschaftlichen Zustands, der das Ende der Politik zum Thema hat, weil an ihre Stelle das Gesetz der (physischen) Gewalt getreten ist, die jeden zum Staatsfeind Nr. 1 deklarieren kann. In diesem Zustand laufen die Staatsmotoren zwar auf Hochtouren, aber sie setzen nichts mehr in Gang außer der eigenen Zerstörung. Insofern ist Büchners Stück einerseits eine Auseinandersetzung mit dem geschichtlichen Phänomen einer revolutionären Umwälzung, andererseits aber auch ein Politikthriller, an dem das Verhältnis zwischen politischer Elite und Masse durchdekliniert wird. Es ist im besten Fall ein Modell, das darauf verweist, wie dringend eine vitale Demokratie den folgenreichen, vielleicht auch chaotischen, manchmal radikalen Austausch zwischen ›oben‹ und ›unten‹, zwischen gewählten Vertretern und ihren Wählern, zwischen den verschiedensten politischen Identitäten immer wieder auf's Neue braucht.«

> Beate Seidel: Zum Stück. Im Programmheft zur Inszenierung von *Dantons Tod* am Staatstheater Stuttgart 2011. Mit Genehmigung von Beate Seidel, Stuttgart.

5. Literaturhinweise

5.1 Einführendes zu Büchner und zu *Dantons Tod*

Heinz Ludwig Arnold (Hrsg.): Georg Büchner. I und II. München ²1982. (Text und Kritik. Sonderband.)
- (Hrsg.): Georg Büchner. III. München 1981. (Text und Kritik. Sonderband.)

Peter von Becker (Hrsg.): Georg Büchner, Dantons Tod: Kritische Studienausgabe des Originals mit Quellen, Aufsätzen und Materialien. Frankfurt a. M. ²1985.

Alfred Behrmann / Joachim Wohlleben: Büchner: Dantons Tod – Eine Dramenanalyse. Stuttgart 1980.

Roland Borgards / Harald Neumeyer: Büchner-Handbuch: Leben – Werk – Wirkung. München 2009.

Georg Büchner: Die Briefe. Hrsg. von Ariane Martin. Stuttgart 2011.

Werner Frizen: Dantons Tod. München 2008. (Oldenbourg Interpretationen. 34.)

Gerhard Funk: Georg Büchner, »Dantons Tod«. Erläuterungen und Dokumente. Stuttgart 2007.

Dietmar Goltschnigg: Georg Büchner und die Moderne. Texte, Analysen, Kommentar. 3 Bde. Berlin 2001–03.

Wilhelm Große: Georg Büchner, »Dantons Tod«. Lektüreschlüssel. Stuttgart 2005.

Jan-Christoph Hauschild: Georg Büchner. Reinbek bei Hamburg 2004.

Gerhard P. Knapp: Georg Büchner, Dantons Tod: Grundlagen und Gedanken zum Verständnis des Dramas. Frankfurt a. M. 1987.
- Georg Büchner. München 2000.

Ariane Martin: Georg Büchner. Stuttgart 2007.

Hansjürgen Popp: Dantons Tod. Stuttgart ³2008. (Klett Lektürehilfen.)

Michael Voges: Dantons Tod. In: Interpretationen. Georg Büchner: Dantons Tod, Lenz, Leonce und Lena, Woyzeck. Stuttgart 2007.

5.2 Einführendes zur Französischen Revolution

Axel Kuhn: Die Französische Revolution. Stuttgart 1999.

Albert Soboul: Kurze Geschichte der Französischen Revolution. Berlin Neuausgabe 2010.

Der Verlag Philipp Reclam jun., dankt für die Nachdruckgenehmigung den Rechteinhabern, die durch den Textnachweis und einen folgenden Genehmigungs- oder Copyrightvermerk bezeichnet sind. In einigen Fällen waren die Rechteinhaber nicht festzustellen. Hier ist der Verlag bereit, nach Anforderung rechtmäßige Ansprüche abzugelten.

Inhalt:

- wie bereits erwähnt Danton u. Robespierre verfolgen unterschiedliche Ziele
  - Forderung Ende der Schreckensherrschaft + liberaler Staat
  - Robespierre
- doch Dantonisten Ziele utopisch denn Bürger u. Genussliebe d. Bürger distanziert
- einziges gem. Gespräch im Drama zw. beiden erfolglos
- Uneinigkeit → Vernichtung Dantons und seiner Anhänger
- Andere Dantonisten raten zur Flucht,
  - Danton glaubt nicht dass sie es wagen
- Danton verhaftet + andere, legendäre Kampf im Konvent für Danton
  - Zurückweisen des Vorwurfs + Begründung
- Danton zu vor Revolutionstribunal
  - stellt Täter vor
  - klagt St Just / Robespierre zu Hochverrat an
- Umsetzung der Geschworenen manipuliert + Volk lehnt sich, letztendlich gegen sie auf = Todesurteil
- Niedergang der Dantonisten nimmt seinen Lauf

Inhalt

Dantons Tod. Ein Drama 5

Anhang

1. Zur Textgestalt 87
2. Anmerkungen 88
3. Die Französische Revolution:
   eine Zusammenfassung 102
   3.1 Der Weg vom Absolutismus bis zur konstitutionellen
       Monarchie (1789–1791) 102
   3.2 Die Herrschaft von Jakobinern und Girondisten 102
   3.3 Der Terror (1793–1794) und das Ende der Revolution
       (1794–1799) 103
   3.4 Revolutionäre Gruppen und Klubs 104
4. Materialien für die Interpretation 106
   4.1 Einleitung 106
   4.2 Büchners Leben 106
   4.3 *Dantons Tod* – (k)eine Aussage zur Revolution?
       Stimmen der Forschung 109
       4.3.1 Viëtor 110
       4.3.2 Franzos 111
       4.3.3 Lukács 111
   4.4 Politische Aussagen von Georg Büchner 113
       4.4.1 Aus einem Brief an die Familie, Straßburg,
             den 5. April 1833 113
       4.4.2 Georg Büchner und Friedrich Ludwig Weidig,
             Der Hessische Landbote 115
       4.4.3 Der Fatalismus der Geschichte: ein Brief an
             die Braut 117
       4.4.4 Ein Brief an Karl Gutzkow 118
   4.5 Büchners Verhältnis zu den Idealen der deutschen
       Klassik 118
       4.5.1 »Die sogenannte Unsittlichkeit meines Buches«:
             zwei Briefe Büchners an die Familie 119
       4.5.2 Friedrich Schiller, »Über das Pathetische« 121
       4.5.3 »Edles« und »Gemeines« im Widerstreit: Auszug
             aus Schillers *Wilhelm Tell* 122

4.6 Büchners Nutzung der historischen Quellen 124
    4.6.1 *Dantons Tod* und Passagen aus der Zeitschrift *Unsere Zeit* 124
    4.6.2 Dichterische Freiheit? Die Frauengestalten zwischen Geschichte und Dichtung 126
4.7 Warum inszeniert man *Dantons Tod* im 21. Jahrhundert? Kommentar zu den leitenden Ideen einer neueren Inszenierung 127
5. Literaturhinweise 129
    5.1 Einführendes zu Büchner und zu *Dantons Tod* 129
    5.2 Einführendes zur Französischen Revolution 129

Folgen Distanz

- Stets D. bewusst, was instinktives Handeln auslösen kann
  → unterdrückt wissen
- als Danton bewusst wird, dass er handeln muss, zu spät
- Tod Dantons weil Handeln zu spät

⇒ Danton u. Anhänger teilen Lebensgefühl und pol. Einstellung, halten in Gefahr u. Bedrohung zsm und sterben gemeinsam

→ moral. Verurteilung Dantons!